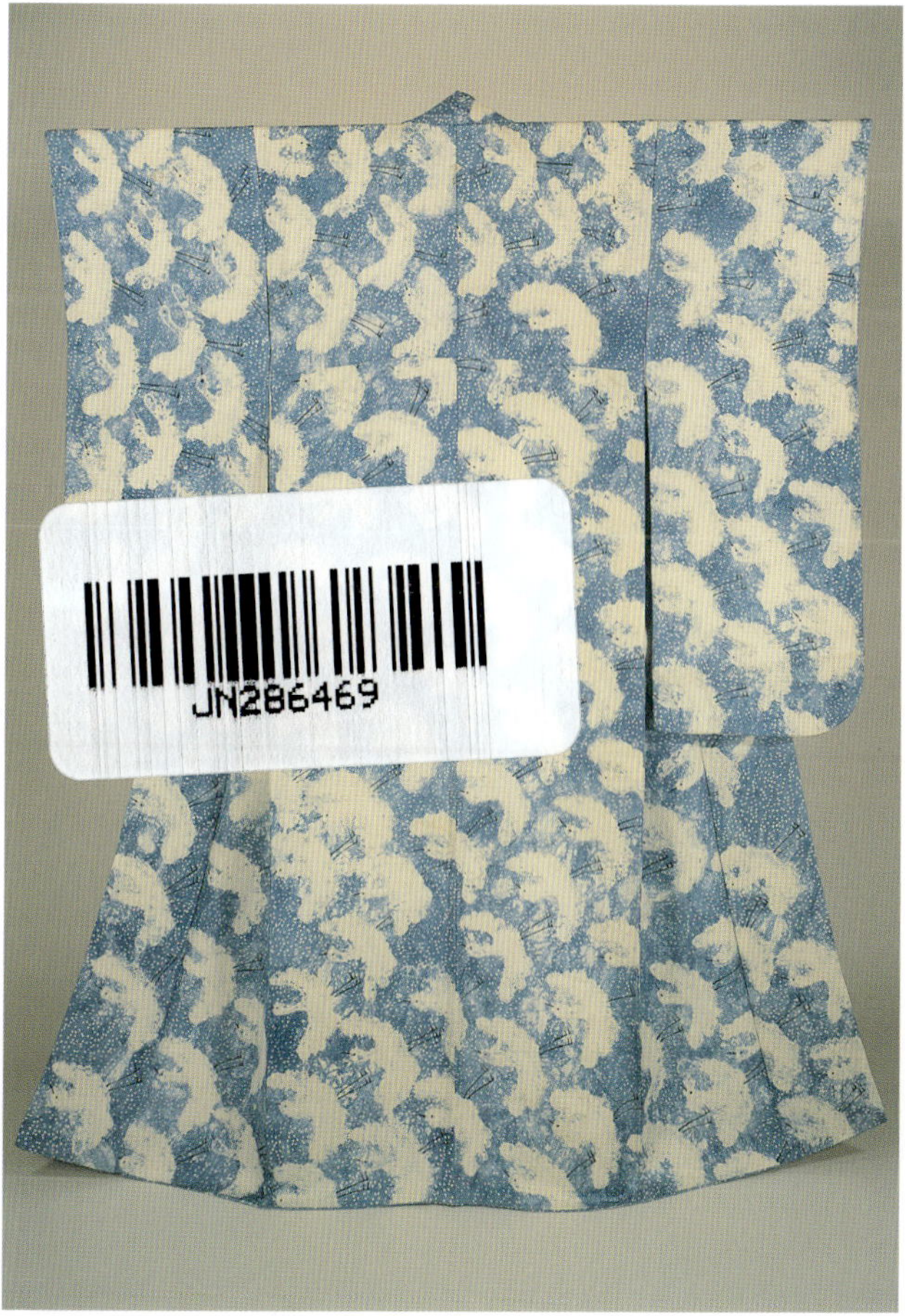

古澤万千子「翔」

タピスリー「貴婦人と一角獣」〈味覚〉（パリ・クリュニー美術館蔵）

ちくま文庫

語りかける花

志村ふくみ

筑摩書房

目次

草木抄

語りかける花

朝あけに咲く

春に奈良で、浄土曼荼羅の展観をみて以来、眼の内のどこかに絶えず蓮の花が揺いでいるような気がする。当麻《たいま》曼荼羅の御厨子の扉は、黒漆の金の研ぎ出し蒔絵に、蓮池を描いている。天空から散蓮華《ちりれんげ》がとめどなく降りそそいでいて、微風に揺れながら空中をゆるやかに舞っているものもあれば、ようやく水面に達し、池水に沈みつつあるものや、蓮の葉にのって余命を保っているものなど、まるで人間の終りにむかう姿そのもののような気がする。必ずしも人の姿はこのように美しく終るものではないだろうが、肉体を抜け出して儚《はかな》く空中に浮遊しているように思われてならなかった。九品来迎図《くぼんらいごうず》（奈良瀧上寺《りゅうじょうじ》）の中の、上品上生《じょうぼんじょうしょう》の往生者に、白雲に乗った菩薩たちが管絃の楽と共に大挙して迎えに来られるのに対して、下品《げぼん》中生の往生者が、生前わずかの罪をおかしたため、かろうじて三軀《たい》の小さな化仏《けぶつ》が蓮瓣《れんべん》にのって迎えにこられる図をみて、何となくほほえましく眺めたが、さてふりかえってみると、われわれにはそんなお迎えすら来てはくれないのではないかと、思いかえし、これはうかうかとほほえんでなどいられない。

今更ながら、今生《こんじょう》が大事と思うのであった。

毎夏、早朝に天竜寺の蓮を見に行くが、今年はそんなことで一層、花の開くのが待たれた。梅雨あけがおそかったせいか、今年は花も少なく、勢いがないように思われた。

それでも境内が白々と明けてゆく中に、ひっそり浮かぶ蓮の花は、やはりこの世のものではない。今年は何かしら密教美術や曼荼羅展が続いて多くを見たせいか、現実との境がはっきりしなくなって、蓮瓣をじっと見ていると細い線が無数に彫りこまれていて、截金《きりがね》をはめこんだように見えてくる。それというのも実は何とか自分の仕事にこの蓮の花を織りこんでみたいと願っているのだが、まだ蓮は私の方に歩みよってくれず、当分紋様化するのは無理のようである、しばらくは大事に抱いていたい。西洋でもロータスといえば格調高い紋様として生きつづけているが、やはり東洋の、日本の蓮を織り込んでみたい。コプトの裂《きれ》の中に現実の蓮の蕾よりさらに美しい、永遠の蓮といいたいほどのものがある。

植物園で早朝、蓮をみる会があるときいて、早速出かけてみた。楓の緑におおわれた蓮池がひろがり、うす紅、紅、白などの蕾、半開き、満開、花芯だけのものなど、眼を洗われるような清浄域である。花瓣は硬質の玉を刻んだように決然として、正に仏画の中から抜け出して来たとしか思われない。

蓮は四日の命という。

池畔の立札をよむと、次のようにかかれてある。一日目、朝五時から六時の間に開きはじめ、三分内外で開口し、とっくり型以上には開かず、八時ごろより閉花する。二日目、朝七時から九時ごろまでにお碗型に開花し、花の色は鮮明でこの日が最高に美しい。三日目、朝六時ごろお碗型に開口し、九時ごろには完全に開き、午後やや閉じかけ、半開きのままである。

四日目、朝六時ごろ完全に開花し、午後には散る。

わずか四日の命を蓮は咲き切って散る。

少年、青年、壮年、老年と、いかに人の寿命が延びたとはいえ、人間も所詮は四日の命に尽きるのではないかと、またしても人の命が思われるのである。

瀉瓶《しやびよう》三滴

早川幾忠《いくただ》さんが亡くなられてから半年たつ。十数年同じ町内に住みながら私がはじめて早川さんにおめにかかったのは、亡くなる二カ月前、夫人の亡くなられた日であった。

旧愛宕《あたご》街道といわれる家の前の道を、まるっこい杖をついて来られる早川さんに私は走りよってお礼を申した。前年の暮れ、まだお元気だった夫人が早川さんの『八十有八年』という四キロもあろうかと思われる大きな画集を抱いて玄関にドスンと置かれた。おどろいて出ていった私に夫人はにこにこして、「まあ、もらって下さい。主人の歌をほめていただいてうれしかったから」ときさくに言い残して帰られた。その日、大岡信さんの折々の歌に早川さんの歌がのっていて、たまたま道で会った夫人に、「いいお歌ですね」と伝えたのである。私はその画集を開いてみて、今時こんな画人がいるのかと更におどろいた。

早川幾忠さんのことは京都新聞紙上に「完石山人　面白づく人生」として連載されていたのでご存じの方も多いと思うが、絵画・歌・書・篆刻《てんこく》・琵琶、そのいずれをとっても天衣無縫、他に全く類をみない真の文人である。はじめて路上でおめにかかった日の夕刻、夫人の亡くなられた回報が隣からまわって来て私は胸をつかれた。あの時早川さんは引きしまった童子のような哀しみの顔であったと後になって思うのだったが、その時「遊びにいらっしゃい」と言って下さったことを真にうれしく受けとり、私は夫人の亡くなられた一カ月後にはじめて早川さんを訪れた。

春浅い日差しがとくに麗《うらら》かで、簡素な室内は澄み切り、夫人の遺影の前に早川さんの自作による「菩薩少女」がつつましく祀られてあった。夫人の魂がこの世からひとあしひとあし遠ざかり、色のない世界に還《かえ》ってゆくのを、夫人のとくに好きだった素《そ》心臘梅《しんろうばい》にたくして語られた。この世でいつくしんだ花々から色が消え、無色の世界になって、「死ぬことは苦しくも、痛くも、哀しくもないんだよ」と二人の息子さんにいい遺して逝かれたが、それから二カ月後夫人の命日に早川さんは画材を買いに街に出てそのまま還らぬ方となられたのだった。

私はご生前たった三回おめにかかっただけであるが、その三回とも素心臘梅にはじまる夫人の話で、語る度に胸に湧く哀しみが深くなってゆき、最後の時、早川さんの眼鏡のわきを涙が流れた。そのほか日本の美術をはじめ、今まで掘り下げられることのなかった井戸がぐんぐん深くなってゆくような卓抜した文明批判、時には度胆《どぎも》を抜かれ、時を忘れて私は一滴もこぼすまいと伺った。人は何十年交際したからといって、ただ三回だからといって、その方から受けたものの大きさ、深さは測れるものではない。

早川さんの話の中に瀉瓶《しやびよう》という言葉があり、一つ瓶から他の瓶に水を注ぎうつすこと、師から弟子に仏法を伝授すること、転じて、心から心へ伝えることを言うといわれた。

早川さんの素心臘梅と夫人の話は、一滴のしたたりにすぎないが、私の中に、それは一回、二回、三回と薄墨のように淡くかけられ、もう一ど少しの紅で、もう一ど少しの藍で、哀しみの濃くなってゆく色がかけられたことは事実で、私の心からどうしても消えない。瀉瓶などとはまことにおこがましい限りであるが、早川さんがこの世に別れを告げるほんの一刻に、私へそそいで下さったものを生涯大切に抱いていたいと思うのである。

木のはなし

紀州の人から、「藍が生きている如く、樹も木となってなお生きつづける」ということばがきを添えて、宮大工の棟梁の西岡常一《つねかず》さんの話を伝えて下さった。非常に面白く、読みながら何どか肯いたが、一方で人間は自然に対して深い洞察力をあたえられながら、ある時点から全く逆の方向にむけて進んでしまったのではないかと慄然とする思いだった。樹齢千年以上の檜は、管理をあやまらなければ二千年保つという。コンクリートは末代物と思われているが、どんなに上手に打っても百年の命だという。

宮大工の口伝《くでん》の中に、「木を買わず、山を買え」という言い伝えがあるというが、一つの山で育った木で一つの寺、一つの塔を建てよということだという。木曾、吉野、四国と、違った山の木を混ぜて使ってはならない。同じところで育った木は、たとえくせがあっても、力は揃っているというのである。

このことは私の仕事にもあてはまることで、それぞれの植物から炊き出した色を私は決して混ぜ合わすことをしない。茜《あかね》の根には茜の根の、紅花には紅花の、色があり、根には根の、花には花の主調がある。根は大地に根ざすしっかりした色調をもち、花は散りてこその儚い移ろいやすい美しさをもっている。それぞれの主調こそ色の命である。

同じ口伝に、「木組みは寸法で組まず、木のくせで組め」というのもある。これもそのとおりで、我々の仕事の中でも、炊き出し何分、媒染剤何パーセントというのが基準なのではない。植物を炊き出しながら、色をみている。湯の中に色が溶けこみ、液体と色とが自然に一体になったとき、火を止める。媒染剤（灰汁《あく》など）に浸けて原液の色が変りはじめ、ここまでというとき、すなわち、媒染剤と原液が五分五分の状態で、それを私が無理のない自然の美しさだと感じたとき、手を止める。こちら側に基準があるのではなく、あちら側にある。木は生まれながらに右、左に捩《ねじ》れるくせを持っているが、寸法で組まずそのくせで組むと左右の捩れがうまく組み合わされて捩れがゼロになり、狂いはこないというのである。糸にも全くそのことがあてはまる。

さらに、木組みは人の心組みだという。木のくせは長い経験によって徐々に習得できるが、人の心組みはなかなかそうはいかない。最も困難を極める仕事である。西岡さんは言う。人前で決して恥をかかせない。たとえ、失敗して行き詰まっても、それが間違いだとはいわない。

「そういう方法もあるが、他にこういう方法もある。それが駄目ならこの方法でやってみてはどうか」という。それで成功すると、次はむこうから聞いてくる。それで心が組めたことになるという。一人一人のよいところをのばし、尊重する。それも木のくせと同じく、人の心の奥をよみとる洞察力、包容力の問題であろう。

最後に西岡さんはこうもおっしゃったという。薬師寺金堂の復興に際し、木を買わず、山を買うべく、台湾に出向き、原生林に入って、高所に点在する檜を双眼鏡でみると、青々した若葉をつけているものと、枯死寸前というようなのがある。西岡さんは後者を選んだという。現地の人は危ぶんだが、検査してみると前者は中が空洞で使いものにならず、後者は心材がきっちりつまっていたという。心材が腐って空洞化すると木質部を養う必要がなくなり、その分、枝葉に養分がゆきわたり、若々しい葉をつけるという。

このことは人間にもあてはまりはしないかと西岡さんはいっているが、何とも穿《うが》ったおそろしいたとえである。

冬を越えよ

夏の間つづけていた早朝の散歩をいつの間にかやめてしまっていたが、ふと思い立って暮れからまたはじめた。床をはなれる一瞬はつらいが、起きてしまえばこっちのもの、身支度を整えて戸外に出ると、寒気に身が引きしまって快い。あたりはまだ暗い。

東天にかすかに赤みが射しはじめると、釈迦堂(清凉寺)の山門が黒々と浮かび上がり、右肩に暁の明星がかかっている。

凍てついた朝は空が燃えるようで、灰紫色の雲が垂れこめたむこう側に何が起こっているのか、ほんの数刻、盃の底に凝りたまった紅のように濃密な赤がどんな刷毛でたくまず薄められてゆくのか、東の空をどこからどこともいいがたく暈《ぼか》し流して、光の源から放射する紅は、橙《だいだい》に、鴇《とき》に、淡紫に、はては水浅黄になってはるか天空に溶けてゆく。山々の稜線がこの一瞬ほど美しい時はない。

釈迦堂を起点にして、南へ、北へ、その日の気分でコースを変えるが、大方の朝は、嵯峨天皇の御陵にのぼる。石段をのぼりはじめると樹の間がくれに、雲母《きらら》のむこうで火が燃えるように大沢の池が真紅にみえ、九十九折《つづらお》れに、次の石段にすすむと、もう池は淡紅になり、頂上につくころには、青い水蒸気が地上を覆っている。桂川が右手に赤い帯のようにみえる朝もあり、それは一刻もとどまることがなく、一日とて同じ朝も、同じ朝焼けもない。

英国の詩人は、輝かしい朝の太陽が、黄金色の顔で、緑の草原に接吻し、蒼白の流れを、金色に染めるとうたったが、私は太陽の豊かな手のひらが大地をあたため、氷にとざされ、雪におおわれたさまざまの生物に、冬を越えよ、と力をあたえているように思われる。裸の樹々も、うすい衣でこごえている小さな草木にも、耐えて冬を越え、うるわしい春を迎えよと、大きな厚い手のひらが、地上すれすれまでさしのべられているように思われ、大地の底では既に黙々と新しい生命のよみがえる準備が整えられていることは、この山上に立って、京の西郊にひろがる盆地の集落や、竹林や、沼沢を眺めている小さな一点にすぎない私の中にも、確実にそれは感じられ、太陽の手の中に包まれる浄福をいだいているのである。

新しい年を迎えてすぐ雪の朝があった。この日はコースを変えて、後宇多天皇の御陵まで足をのばした。深いところは三十センチもある。北嵯峨も山ふところに近く、新雪をさっくさっくふみしめながら、暗い藪を行くと、前方に大きな円錐形のものが立ちはだかり、ギョッとして近づいてみると、雪の重みに竹がしなって、地上に首を垂れ、その上にさらに雪が降り積んでいるのだった。そっと傘のはしでたたくと、はらはらっと、粉雪を舞い上げて、大きな弧を描きながら、ゆるやかに天上にかえってゆく。

そんな竹のしなやかな遊舞をいくつかみながら藪をぬけると、後宇多天皇の御陵は、深い苔翠色《こけみどり》の池に、しんしんと雪を吸いこんでしずもりかえっている。水面に水蓮の円い葉が半ば透きとおって青銅の盤をおいたように浮かんでいる。このあたりはふだんでも人をよせつけないほどの聖域であるのに、この朝のみは息をこらすほどの幽邃《ゆうすい》の境、雪の精霊が四方から迫って来て、もうしばらくそこにとどまれば、あの竹のように首を垂れて雪の中に動かなくなってしまいそうであった。

第五の季節

「あけがたに、生まれたばかりの嬰児をかたえに、やさしいサフラン色の娘は横たわっている。その娘を生んだ私の日が、まだ昨日のように絵の中にあるのに、その額ぶちはいつの間にか空虚になっていた。母子像の波うつ髪は、いま娘の上にある。額の外から皺の多い手をさしのべている老いた天使は私だ。いつの間にか来ている老というのは何だろうか、老とは、時間にめざめる事ではないのだろうか」

女性として最も敬愛する詩人の永瀬清子さんのこの詩をよんでいて、昔何かでよんだことのある詩の一節を思い出した。「ある日、ほとほとと扉をたたいて、白い訪問者がおとずれる。その時、私達は扉を開き、快くその訪問者を招じ入れなければならない。誰もその訪問者をこばむことはできない。老とはそんなものである」と、そのころ私は発育盛りの子供をかかえて息せき切って仕事をしていたころだったから、それはずっとずっと遠い日のことのように思っていた。一日が二十四時間ではとても足りないと思っていた。夫はいらないけれど、家事全般をまかせる奥さんが欲しいと思っていた。一日でも家事から解放され、何の束縛もなく外出してみたいと夢みていた。いくつかの曲り角で息をきらし、背負いすぎた荷物をとりこぼした。

青葉のきらめく樹林の彼方に透ける蒼空は、いつまでも暮れないものと思っていた。落葉が深々と散りしく道にさしかかっても、めまぐるしく仕事にせきたてられ、時を意識することがなかった。ある朝、あたり一面に霜が下りた時、漸く、自分の影が深い時を刻んで、地上に篆刻されているのを見た。訪問者が静かに扉をたたいたのであろう。女は（男のひとはどうなのだろう。一度たずねてみたい）常に自分の若い時、といっても四、五年前の顔を胸にとどめていて、ふと鏡をみて、こんなはずではないと愕然とするものらしい。

自分の好きな着物がよく似合い、たまに地味なものを着ると、少しはきれいにみえると思ったころは、とっくの昔に過ぎているのに、希望だけは決して捨てない。鏡は非情にも、そこまではつき合ってくれない。ホイットマンは、「老いた女性は、若い女性より美しい」とうたい、若いころ私は、ホイットマンのいう老いた美しい女性を夢想したものだが、フランソワ・ロゼェや武原はんさんのようにごくかぎられた方にこそ、この言葉はふさわしく、大方の老いた女性には当てはまらないこともよくわかってきた。

しかし、今やほとほと扉をたたく訪問者をねんごろに迎え入れなくてはならない。おそらくこの訪問者は、私自身よりずっと深く私のことを記憶し、とりこぼした荷物や、忘れていた思い出を諄々《じゅんじゅん》と語ってくれるだろう。一日が二十四時間で十分なことも、もう奥さんなどいらないことも教えてくれるだろう。

私はこの友と二人でお茶を飲み、羹《あつもの》をじっくりとおいしく煮込み、時の熟する音をこころよく聴き、時には共に旅に出ることもあるだろう。若い時の尖った神経がまるくなって、明け方の胸の痛みも消え、美しいものの近づいて来る時の鈴の音がきこえるようになるのも、この友と深い交わりを結ぶようになってからのことになるだろう。

もし、第五の季節があるならば、めぐり合えるかも知れない。

一条の煙

土曜日の夕方、仕事を終えると、毎週近江の母のもとに通った。この冬の寒さに耐えて、春を待ちかねていたが、三月に入ると起き上れなくなり、かぼそく葉脈の透けた白い葉のようになって、九十歳の母は寝ていた。

その母の傍らに床を並べて、一夜の介抱をする。夜中、手をさしのべて、「わたしの手はこんなにかわいらしいなりました。あんたの手は大きいなりました」と童女にかえったように云う。いそがしいのに、またきてくれたのか、早ようかえってトントン（機織りの手まねをして）してや、と何ども云った。

いつまで通えるか、私は薄氷を踏む思いだった。もう食物もほとんどとれず、何が食べたいと聞くと、「家のつごう」と云う。黒豆がとくに好きなのでたいて持って行くと、「いい味したあるなぁ」とゆっくり、刻みこむように云った。妹がサラダをたべさせると、おいしいと云い、そのあとすまなさそうに「セイヨウクサイ」と云ったと母の口真似をして笑った。消え入りそうな様子なのに、なぜかよく人を笑わせ、たくまずユーモアが飛び出した。まだ自室にひとりでいる時、ストーブを消しているので、どうしたのと聞くと、「勿体《もったい》ない」とこたつに入っていたという。明治の人間というのか、一生つつましく生きた。

漸く堰を切ったように春がそこまで訪れていた四月上旬、母は亡くなった。介護のため庭に目をやることもなかった今、窓一杯に侘助《わびすけ》、れんぎょう、水仙が一斉に咲き、母がその花の間を徘徊しているようであった。亡くなってからすぐ、明方に夢をみて、馬車が私の前をよぎり、花の幕の中に一気にかけぬけようとした時、何かがぽろっと落ちたようで、ハッと目がさめた。永い年月、庭の一木一草をいつくしみ、今その花々が一斉に咲いて、その主のいないことへの哀惜が合わさったのだろうか。

こんな年になって、天寿を全うした母をこんなにもいとおしく思うとは、全く思いがけなかった。若い時に母を亡くされた方はどんなであろうと思い、年齢とは関係ないのかと思う。老いて病み、枯れてゆく人間のあわれさ、いとおしさを身をもって示していったのだろうか。この世に生のある母と、その母を看取る子のかぎられた時を、今は千万の重みとして、近江にかよった幾度かをなつかしく思う。

最後の昏睡に入る直前、物を云わず、じっと食い入るように私をみつめたその眼を、最後ともしらずにいた他愛のなさ、むごいほどに老いてゆくあわれさを、身一つにかかえて死に近づいていることを目前にしながら、その棺をおおうまでは、決してみえていなかった。突然幕が下ろされ、白日の下にその人をみることのなくなったその時から、実は本当にその人をみるのだった。空洞が日ましに深く、その人とのかかわり合いの深さを身に刻んでゆく。

織の道に私を導き、一を云えば、十をわかってくれる人だった。私は仕事のどんな些細なことも、母に伝えたかった。それを無上のよろこびとする人だった。蒲生野《がもうの》の果てに母をおくった。樹々の芽はかたく、こんなにおそい春はめずらしいと山すそをめぐる東の窓に、まっすぐ一条の煙がのぼっていた。

野草の音色

雪のあとに訪れた今年の春は、緑が目にしみるようだ。よく野に出て、いろいろな野草を染めた。多分北ぐにの人がそうであるように、野がよみがえるよろこびを、いつもの年よりつよく感じたのだろう。

よもぎ、れんげ、げんのしょうこ、いたどり、からすのえんどうまで染めてみた。れんげ、いたどり、からすのえんどうは今年はじめてのこころみだった。今まで畑にはびこりすぎて、邪魔ものあつかいだったからすのえんどうも、急にみる目がちがってきた。すこし黄みがかったうすみどりは捨てがたい趣がある。そんな風だから、野を歩いていても、目はいそがしい。

遠来の客あり、早朝に大覚寺の方まで散歩にでて、少しは気取ったはなしになっても、目と体は全然ついて行かない。思わず草むらに入って、草をひっこぬいたりしている。今や習性となったこの動作に、客人までつりこまれて、家路につくころには、ビニール袋一杯れんげを摘んで下さっている。

それらの野草で染めた糸の群をみていると、野原そのものの色合になっている。うす紫に、茶と鼠をふりまぜた♭（フラット）の諧調は、げんのしょうこ。うすみどりに、あわい黄いろはれんげ草。すこし青みの洒落た鼠はよもぎ。この洒落ものを一すじ縞に入れたいと、畑にとんでいって、パッパッとよもぎを摘み、煮出して染める。そんなはなれ業をやってしまうのも、この季節にかぎっていて、季節というもののありがたさである。

凍てついた大地がゆるんで、草木の発芽をいだきはじめた土の色。はじめて陽の光をうけて戸惑う双葉のいろ。もしその音も同時にきくことができるならば、音と色そのものが糸にのりうつっている生まれでたばかりの野草の音色である。そら豆が夜のうちに、ぷくっと莢の中でふとる。草むらでほたるぶくろが白い提灯をさげる。季節は夜のうちに大働きしている。そんなうちで人間もどこかで細胞がよみがえり、この年の春は、春の新しい発見がある。

野にれんげや、げんのしょうこが育つとき、われわれの体の状態も感覚も、夜のうちに少しずつ、春から初夏へ移動しはじめて、野の状態にもおくれをとらず、うまくついて行けるのだろう。ちょっと笑われるようなことを云ってしまえば、われわれの体もまちがいなく老いて行くけれど、どこか一部が、よもぎ色に、れんげ色になっていて、人の心もその音色に染まっているような気がする。それだから今年も、こんなやさしい春の色をいただけたのだろうか。そんなひとりよがりをつぶやいている。今朝、大覚寺の大沢の池の水蓮は、あわい、あるかなしかの紅いろで、池の面に灯がともっているようだった。

後宇多天皇の御陵の方は白蓮だった。雪の中を訪れた時、銅版のようにすべてが凍てついていたが、ここは人の声もとどかない別天地で、自然も足音をひそめ、色も音も、オクターブ下げてやって来ているようだった。その散歩のかえり、畑をひとまわりして、今年はどうかなと片すみに目をやれば、それを待っていたかのように、下野《しもつけ》草《そう》が小花をつけ、ゆすらうめの赤い実が熟れる。

珍しいのは、とけい草で、小さな鉢をいただいて、冬の間枯れてしまったのを残念に思っていたが、よほど土が合ったのか、すこしのみどりがみる間に茂り、蔓が四方にのびて、百に近い蕾をつけた。今日か、今日かと待ちかねた朝、茂みの中に一輪、ハッとするほど鮮やかに咲いた。花としては異形の、精巧な機械をみるようである。だれが名付けたのか、時計の中をのぞいた詩人が、細工名人につくらせたのか。紫と白の紙を糸のようにほそく切った華麗な芯の中央に、まさに時計の螺子《ねじ》がまいてくれといわんばかりにくっついていて、矮人《こびと》がその螺子を、キッキッとまけば、花は時を告げるのではあるまいか。

二千年と四日の命

雪の降りしきる天竜寺の池に、折れ蓮をみたのは、つい先頃のように思っていたが、今年も蓮池に花が咲きはじめた。

昨年も私はこの稿に蓮のことをかいたが、最近、ハスの研究に一生をおくった大賀一郎氏の本を興味深く読んだので、再び書いてみたいと思う。

その本の中に、酔妃蓮という花の、四日間の命の推移が、午前零時から午後九時まで、三時間ごとに写真にうつしてある。昭和十三年の撮影であるから、白黒の写真は古ぼけているが、大賀氏はよほど深くハスに心をよせていられたのであろう、切々と胸に迫るものがある。

一日目は、黎明のうすあかりの中で、かたく閉じられた蕾がかすかに開き、午後三時頃には再び閉じてしまう。二日目は、午前三時に早くもひとひら、午前六時には五《いつ》ひら、そして、九時には光のような花芯をのぞかせて、見事に開花する。内にゆたかな力をみなぎらせて、ゆるぎない夏の花の大宗である。しかしその美しい姿をとどめるのはほんの束の間、正午には再び花瓣を閉じ、夕刻には蕾にかえるのだが、一日目の蕾よりはるかにふっくらしている。

三日目には更に早暁より開花し、午前六時には満開となる。午前九時には触れれば崩れるかと思うほどに開き切り、風が吹けば倒れかかるものもあるが、決して散ることはなく午後開き切った花瓣を閉じようとするが、蕾にもどるほどの力はなく、半開きのまま夜をすごす。四日目は早暁より満開となり、午後花瓣はひとひらずつ散りはじめ、その日の中にすべて散り終る。精根尽きた蓮が花托を傾けて夕陽を浴びている様子をみていると、そのまま人の一生もこの四期に尽きるのではないかと思われる。幼年、青年、壮年、老年と花の開閉は人の生涯を連想させずにはおかない。とくに三日以後の、開き切った花が渾身の力をふりしぼって花瓣を閉じようとして力及ばず、最後の日を迎えて散ってゆくさまは人の終焉を思わせる。命尽きる一瞬の燭の灯がかがやくように、もう一ど閉じようとする力は、だれに告げるともなく、沈黙の中に行われるすさまじい業ではあるまいか。大賀氏は大正初期、南満州フランテンの泥炭地で古いハスの実を手に入れ、その発芽をこころみる。幾多の労苦の末、見事な花を咲かせることができた。世に謂う「大賀ハス」である。その実は推定ではほぼ二千年前のものである。

エジプトのミイラ小麦は五千年の長寿を保ち世界に知られているが、ついに発芽しなかったという。奥州平泉の藤原四代のミイラの棺中にも多量のヒエの種子を見出したが、これも不発芽に終ったという。

植物の種子の寿命には興味が湧く。大賀氏の説によると、日本のように湿度の多い土地では寿命が短く、温度も関係があり、果実の皮が厚くて堅くて、水分や空気の侵入を防ぎ、果実の中で非常に緩慢に呼吸作用が行われている場合、果実はいつまでも生きのびるという。もし小さな傷でもあれば忽ちくさってしまうし、非常に長い年月に行われる呼吸作用によって生じる炭酸ガスの量が、構成する細胞の致死量に達すれば生命は絶たれてしまうという。一つの果実の中に、生存の条件が危うい均衡のもとに長年月保護されて存在する。

泥中で二千年の間ねむっていた種子が或る日縁あって大賀氏の掌によって発芽し、一万個以上のフランテンの種子を発芽させたという。その蓮花をじっとのぞきこんでいる大賀氏の顔はいとし子を見守っているようだ。これほど生命力のある種子は他の植物にはみられないという。その長寿の種子から生まれたハスの花は、夏の朝、この世のものとも思われない高雅な姿を我々の瞼にのこして、わずか四日の命を終るのである。

高野の星

今ごろは高野の秋も深まるばかりであろうとしきりに思いがはしる。夏も終りにちかく、はじめて高野山にのぼった。極暑の地上をはなれ、山頂に近づくにつれて、空気がおやと思うほど清冷になっていった。聳えたつ樹々も地上とはちがう。極楽橋。だれが名付けたのか、俗世をあとに別天地におもむく橋が、この山峡にかけられているかのようである。

今回は、紀野一義先生の真如会結集に招かれてのぼったのだが、もうひとつには、ずっと以前よりの高野山南院の院家様の法衣を、この山の植物で染めて織るという約束を果たしたいためでもあった。宿房の三宝院の院家様も、この山の高校の先生である御坊様も、期せずして、高野の植物で染めたいと考えていられたことを知り、その夜は昔から伝えられる弘法大師の御衣替えの式の話にまで発展し、私はねむれないほど、思いがけぬ世界が開けてゆくようであった。

翌日、早速南院の天をつくような朴の大樹の一枝をはらい、高野槙の皮をはいで染めた。御坊様が「これ」と差し出される野草をみれば、日本茜《あかね》である。傍らの垣根に群生している。この山の到るところにあるときけば、私はこの山を立ち去りがたくなる。染め上がった糸は心なしか、高野でなければ生まれない色の密度を含んでいるように思われる。

翌朝、まだ明けやらぬ中を奥の院に詣でる。夏のやがて晴れわたる早晨でなければ、この行けども行けども続く、無慮数万の墓石群の諸大名や豪族の苔むした五輪塔に、あやうく幽界に誘いこまれそうな霊気を感じたことだろう。奥の院では万灯がともり、護摩がたかれ、中央に祈禱の老僧、両側に修行の僧が並ぶはずであろうか。まだみえない。やがて眼下の杉木立の中を黄丹の衣をひるがえして、カタカタと足早に若い僧が一人、二人、師の僧よりおくれて参じたことを恥じるように、いずれも深く一礼して席につく。万灯と護摩の火で堂内は熱気がこもり、薫香、読経の声にみち、何か金色荘厳の聖域に導き出されたようである。堂外には清冽な水音、朝霧が湧き、大師入定の御廟に礼拝し、参道を下ると、千古の杉木立を裂くように、白い霧が斜に地上に下り、徘徊している。

その日、紀野先生の密教と宇宙観の講話に深い感銘をうけた。その中で宇宙から帰還したアーウィン飛行士は「地球が暗黒の中天に高くみえる。美しく暖かみをもって生きた物体としてみえる。だが同時に、何ともデリケートで、もろく、はかなく、こわれやすくみえる。（中略）地球をはなれてはじめて、その美しさ、生命感に目をうばわれ、やがてその弱々しさに感動した。宇宙の暗黒の中の小さな青い宝石、それが地球だ。そこだけに生命があり、自分の生命と細い一本の糸でつながれている。いつ切れてしまうかも知れない。かくも無力で弱い存在が宇宙の中で生きていること、これこそ神の恩寵だということが、何の説明もなしに実感できるのだ」と語っている、と話された。

その夜山頂に満天の星をみた。大きく、赤く、金色に輝き、天の川と星空をくっきり描き出していた。夜気はこの上なく密に密で、宇宙飛行士のことばが降ってくるようであった。

家に帰って数日後、あけ方の夢に地球の一角の山頂に金色にひかるものがみえた。奥の院の早晨の勤行《ごんぎょう》が時空を超えてみえたような気がした。冬にもう一ど高野山にのぼりたいと思う。

あしかり

君なくてあしかりけりとおもふにも
いとゞ難波の浦ぞすみうき

昔、摂津に住んでいた貧しい男女が、都に出て人並になったら、もう一ど会おうと約束して別れたのだが、男は不運つづきで、そのまま摂津で蘆を刈っている。女は都に出て、裕福に暮らしていたのだが、やはり別れた男が忘れられず、摂津にさがしにきて、男の行方をあちこち歩いて求めた。ようやくめぐり会えたが、男は蘆刈りになっていた。というような話が、大和物語に出ているという。

谷崎潤一郎の『蘆刈』の冒頭にもこの歌はでていて、そのあと「まだおかもとに住んでいたじぶんのあるとしの九月のことであった。」というこの物語の導入の地の音がものしずかに、見事にひとの心をさそいこむので、私は幾度よんでも引きこまれてしまうのだが、昨秋、東京で作品展をした折、友人の案内で谷崎松子夫人がいらして下さった。私はこの老いて潤いにみちた美しい夫人にはじめておめにかかった。

　そのご縁であったろうか、十一月も末つ方、京都にこられた夫人が、嵯峨の家に立ち寄って下さった。今年は燃えるかと思われた紅葉がみる間にちりちりとちぢまって、さすがの嵯峨野もご案内するほどの場所もなかったのだが、夫人は厭離庵を訪れたいといわれ、そのあと大覚寺の大沢、広沢の池をめぐった時のことであった。

　晩秋の陽が早や傾き、愛宕山の上は刻々に茜《あかね》色を深めていた。少し風がでて水面に落日をうけたさざなみが立ちはじめ、枯れ蘆がざわざわとゆれていた。この池の東北に今は住む人もない聴松亭という、さる方の別荘があって、先年、私はこの亭で、笛の名手に一曲聴かせていただいた折、亡き人の魂を呼ぶような、ただならぬ一刻を経験し、その時のことを思い起こしていた時、ふと傍らの夫人がよろめくようによりかかってこられ、肩掛けで面をかくすようになさったかと思うと、林の中にすっと入ってゆかれ、しばらく出てこられなかった。

私は夫人につき添うことさえはばかられて、体をかたくしたまま、ぼう然と、茜色を深めたのち、速やかにしのびよる暮色の濃い紫の翳をみつめていた。夫人はようやく姿をみせ、「先刻、ふいに何かが身内を走り……。うそのようにお思いでしょうが、たしかに何かが近づいて参りました。あまりに『蘆刈』の場に似ておりまして、あの蘆の間から谷崎があらわれたような気がいたしまして……」といわれた。先年、私が体験したのも、思えば十一月の末の夕刻、その年の紅葉は無惨なほど美しく散り、私はその笛の音に呼びよせられた死者のことを思い出した直後であったから、身内を戦慄が走り、夫人の言葉は現《うつつ》の現であって、動かしようもなかったのである。

東京に帰られて暫しの後、夫人から、自筆原稿複製の『蘆刈』がとどけられた。その原稿は、いくらかはかなげにさえみえる、やわらかい毛筆の、「君なくて」の歌にはじまり、ところどころ、筆太に黒々と推敲の入り交るのさえゆかしい、松にかかる亭の絵入り和紙、倚松庵《いしょうあん》用箋であった。

松子夫人の添え書きに「『蘆刈』は、私には最も身近になつかしく感じられながら、何か遠い夢幻の中に誘われてゆく感覚にはまりそうな作品で、今も慎之助が、夕闇のただよう大淀の蘆のしげみに佇む姿が目に浮んできます」とかかれてあった。

梅、桃、葡萄

例年のように一月半ば、亀岡の梅林からトラック一杯の剪定した梅をいただいた。すがすがしい青い新枝と、古木とを分けて束にしたが、いずれにも真珠粒のような蕾がびっしりついている。なかにはほころびかけているのもある。古木のなかばを燃やして灰をつくり、新枝を炊いて糸を染める。淡い黄みのある紅色が、みずからの灰汁の中でぽおっと赤みを帯び、初々しい紅色に生まれかわる。蕾をいただいたままの梅が、絹糸のなかでかがやき、ほころんだかと思われて、毎年のことながら、勿体ないほどのよろこびである。

昨年の晩秋、山梨県の桃源郷美術館にでかけた時、山々の斜面をおおう葡萄棚の、見事な紅葉と散りしきつめられた臙脂色の落葉の美しさにおどろいた。まさに葡萄酒《ワイン》色の山々である。沿道はみわたすかぎりの桃畑、花のころはどんなにきれいだろうと、いつものくせで、この葡萄や桃で染めたら、どんな色が出るだろう、と思わずつぶやいてしまったのを心にとめて、同行の館の方が、つい先ごろ、ドンゴロスの袋につめて、葡萄と桃の枝をたくさん送って下さった。

植物が花を咲かせるために、樹幹にしっかり養分をたくわえて、開花の時期を待つ時、残酷のようだけれど、その蕾も共に、炊き出して染めると、得もいわれない初々しい、その植物の精かと思われるような色が染まる。私は浅春の、それらの枝を染める度に、得がたい貴重な経験をかさねている。そのことを多分館の方にも話したのだろう。忘れずにこの時期に送って下さったことを、かけがえのないご好意と思い、早速心をこめて染めてみた。桃はふっくらと蕾をつけたまま、翌朝、何とも清雅な淡い桃色に染まった。やはり桃の精としかいいようのない色だ。

葡萄は炊いて二日ほど浸けこんでおいたら、液がすっかりワイン色になって、甘い香りがする。葡萄染《えび》とはこんな色ではないだろうかと、ひとり胸がときめくようである。しっとりとした葡萄いろ、はじめての色を手にして、どんな着物を織ろうかと卓上に眺めている日々である。

まぎれもなく、梅からは梅の、桃からは桃の、そして葡萄からは葡萄の色が生れる。

私共はその天の滴りをいただく、お手伝いをしているようなものではあるが、その天然のエキスを、絹の糸は何という静かさでおのがすべてに吸いよせてしまうことだろう。干し上がった絹糸の群を仕事場中に並べて、飽かず眺めていると、この季節にしかきこえてこない植物の囁きや、低い輪唱がきこえてくるようである。次元をちがえて、姿を全く変えて、しかもすこしも変らない植物の命の連鎖が仕事場の天井から、そここの隅からやさしく低く、くりかえし、くりかえしきこえてくる。

嵯峨野の朝は凍てて、時折、粉雪が舞う。その中で両掌をまっ青にした若い人が、青々と凄みさえ伴う藍染の色を持って、藍小舎から出てきた。

「いいね、こんな冷たい朝の藍は」

「何て元気なんだろ、今朝の甕《かめ》」

など、互いにはなしかけながら、気持よく、ばっさ、ばっさと糸を空気にさらして、さばいている。みるみる空気にふれた部分から紺青《こんじょう》に変っていった。

慶州の春

車が慶州に近づくにつれ、時間があとへあとへ流れてゆく。行き交う車も、人影もまばらになり、土塀をめぐらした村落はひっそりとしたたたずまいをみせ、ゆるやかな反りの瓦屋根の線がいかにも美しく、心やすらぎ、われわれは千年の歳月をさかのぼって新羅《しらぎ》の都にみちびかれてゆくようであった。

三月下旬の慶州は春まだ浅く、柳がかすかに芽吹いていた。

水清い普門湖のほとりに宿り、翌日佛国寺を訪れた。塵ひとつない寺内は、さえざえとした松林が回廊のかなたにつづき、梅もところどころほころびている。慶州は到るところ連翹《れんぎょう》が植えられていて、ここも連翹の垣が寺をめぐっている。桜や桃の木も多く、いずれも蕾はかたいが、これらが一斉に咲きそろうころは、黄の幕をめぐらした花苑のようであろう。さまざまの鳥が枝をとび交い、久しく味わったことのなかった浄福の気配にみたされる。

韓国の寺院の中で最も美しい建築といわれるこの佛国寺は、木造の部分を秀吉の朝鮮出兵で失い、石畳の見事な垣や橋、塔などに当初の姿が偲ばれる。わが国との交流の縁も深く佛国寺建立の設計図が、近年東大寺の収蔵庫から見出されたと聞く。本堂を中心に左右に白い石塔が建っている。多宝塔を有影塔といい、釈迦塔を無影塔と呼ぶという。

千三百年の昔、この塔の建立にあたって、百済の国より若い石工が招かれた。彼の名を阿斯達《あさだり》といい、新婚間もない妻の阿斯女《あさによ》を国もとへのこしてきた。阿斯女は夫を慕って、はるばる慶州を訪れ、佛国寺の門前で、夫に会わせてくれるようたのんだが、石塔の出来上るまでは会わせることが出来ない、この山の麓の、影池のほとりで待っているように、やがて塔が完成すれば、池にその姿は映るであろう、といわれ、阿斯女は、影池のほとりで、朝な夕な塔の姿が池の面にあらわれるのを待つ中、いつしか二十八年の歳月が流れた。

ある朝、いつものように小高い丘にのぼって池の面をみつめると、白い塔がくっきり浮び上っている。阿斯女はその塔をみつめる中、塔の姿が夫のように思われ、そのまま池に沈んでしまった。伝説とはいえ、何か心打たれて、白石の塔を見上げると、千古の風雪に洗い清められたこの塔は、韓国の美の象徴とも思われ、ふしぎなほど清雅である。

折から、数人のチョゴリをまとった若い男女が境内の石組の階段や、柳の下にたたずんでいる。聞けば新婚の旅の途中の幾組かであるとか。真紅のチョゴリの裳裾をなびかせ、楚々とした女性に、私は思わず阿斯女をみたように思われた。雅やかな古寺に千年の昔がよみがえったようであり、それにしても現代の阿斯達たちは、何と溌剌と、幸せにみちていることとか。

翌朝、目ざめて、ふと、影池は本当にあるのだろうか、地図をひろげると隅の方に影池としるされている。私は友人をさそって、朝まだき、車を走らせた。佛国寺を真正面に仰ぐ影池は朝靄につつまれていた。はるか山腹の塔は、木立にさえぎられて、その影さえみえない。小高い丘の上に、妻の死を悼んで刻んだという菩薩が立っているということだったが、私たちはそれをしらなかった。

光の根

仕事をしてゆく上で、深く思いあたることがしばしばある。繭や糸をあつかったり、植物を相手にしたりしていると、自然の奥深い息吹が感じられ、それがどこから訪れるのか、もうすこしはっきり知りたいと願っていると、ある時、ふと謎が解けた思いがする。

それは日々の暮しでも同じことで、いろいろな人に出会い、さまざまな事柄に遭遇すると、その時に感じたことを、心の片隅にでもしっかり受けとめておきたいと思う。そのことが、いつしかその人を育て、精神も、感覚も鍛えられてゆくような気がする。どんなにめまぐるしく一日立ち働いている人でも、そのひとつひとつに精いっぱいの思いを注いで生きている人は、器に盛りきれないほど課題をあたえられると思う。

私も植物の織りなす色彩の世界に足をふみ入れ、思わぬ歳月をすごしてしまったが、器に盛りきれない問いかけをかかえて、胸のふくらむ日々をすごしている。そのひとつひとつを、これから謎解きをする思いで考えて行こうと思っている。

直観とは、自然の諸現象を単に漠然と眺めることではなく、注意深く見つめることであり、注意深く見つめれば、自然はおのずから、その秘密を打ち明けてくれる。それは秘密などというものではなく、自分が何かに心をうばわれ、見落としている現象である。その時、心の篩《ふるい》の目が荒くて、重要なものを落としてしまっているが、ふと気がついて、熟視し、思いをこらす時、急速に篩の目が密になる。肌理《きめ》こまやかになるということは、自然の中に瀰漫《びまん》している無数の粒子が、ある秩序のもとに統合されてゆくことであり、眠りの中に宿っている内なる光と、外界からの光とが相呼応して、視《み》えてくることでもあるように思われる。

四月中旬より約一ヵ月、大分で百点近くの作品を展観した。その準備や陳列替えのため、再三、大分を訪れたのだが、その折、偶然のことから、山中で茜の群落をみつけた。地中にねむっていた茜が、私を呼び求めたかと思われるほど、なぜか私は茜《あかね》掘に熱中し、大分を訪れるたびに、国東半島、深耶馬渓などで茜に出会ったのだった。何百年もの間じっと地中にねむっていた茜が、私に呼びかけたものは何なのか、その色彩はあまりにも初々しく、かがやくばかりであったので、私は戸惑い、織るすべも忘れて考える。地の中の光、太陽が地中に落とした滴、大地の血脈、あるいは光の根であるかもしれない。

光が現界に入り、さまざまの状況に出会うときに示す、多様な表情を色彩として把《とら》えたゲーテは、「色彩は光の行為であり、受苦である」といったが、私はこの言葉に出合った時、永年の謎が一瞬にして解けた思いがした。光は屈折し、別離し、さまざまの色彩としてこの世に宿る。植物からの色が抽出され、媒染されるのも、人間がさまざまの事象に出会い、苦しみを受け、自身の色に染め揚げられてゆくのも、根源は一つであり、光の旅ではないだろうか。

生命の源、太陽から発した光が地上を美しい色彩で覆う日もあれば、思いがけない障害をうけて、影となり、曇りとなり、闇に達することもあり、地中にあって鉱石を染め、草の根に光を宿すこともあるのだと。九州の山中で出会った茜根の色光を、私は今、見守るばかりである。

とりかぶと

親に仕送りしたいと日本に働きにきた
そのフィリピンのダンサーは十九歳だった。
暴力で犯され、夜の客をとることを強制された。何ども逃げたが、そのつど
連れ戻された。誰も助けてくれなかった。
警察も、役人も、大学教授も、誰も彼女を助けなかった。それが日本だった。
彼女は逃げた。三日間山の中をさまよったあげく、谷へ身を投げた。
その場所に、年毎《ごと》にとりかぶとが生える。花は艶麗、根には猛毒をたくわえ
ている。

矢《や》内原《ないはら》伊作《いさく》・追悼（『同時代55』）にこんな詩がのっていた。昨年八月、矢内原さん
が逝かれてもう一年になる。

つい先日、伊吹山に刈安《かりやす》をとりにいった。空は高く澄み、風も光も初秋のものだった。山の斜面に銀色の薄《すすき》が波打ち、釣鐘人参《つりがねにんじん》、吾亦紅《われもこう》、伊吹風露《ふうろ》、黄菅《きすげ》、仙翁《せんのう》、河原撫子《かわらなでしこ》、そして濃い紫のとりかぶとが草むらに姿をみせていた。刈安は丈高い薄の群れにかくれて、なかなか見わけがつかなかった。

刈り終ったあと、草原にいこい、空を見上げると、しきりに矢内原さんのことが思い出された。亡くなる一カ月ほど前、既にがんは告知され、気持は定まっていられたのだろうか、七月五日の最後のノートに次のように記されている。

「ぼくは自分の病気について興味がない。その病状を書く興味がない。そんなことよりもっと大切なことがある。そう思ってぼくはとりかぶとの詩を書こうとした。ジャパ行きさんの悲劇を、それをあれこれ考えているうちに空が白み、胃のあたりが痛くなってきた。苦痛の一日がはじまる」。迫りくる巨大な波濤《はとう》の下に立って、片手をあげ、「一寸《ちよつと》待ってくれ給え」といいながら、フィリピンの少女のことを考える。その告発者の中に自分自身をかぞえながら、強靱《きようじん》な、優しい魂を刻印する。

生前、書斎で読書する矢内原さんに、夫人が「かたくりが咲きましたよ」とか「笹百合が咲いていますよ」と庭先から声をかけると、「あ、ほんと」と少しのび上がって、とんでもない方角や、見当違いの花に目を向けるような方だったという。とりかぶとがよもや自分の庭先にあるとは知らなかったようだと夫人は語っている。けれど矢内原さんの中には鮮烈に紫のとりかぶとが咲き、その一篇の詩によって私は伊吹山の草むらにかくれて咲くとりかぶとの前に立ちつくす。烈しい苦痛を伴った死が目前に迫り、絶望と恐怖と、死からの逃避は人間としてむしろ当然のことだ。矢内原さんがその時、病状に興味がない、それより大切なことがあるといって、自分とは無縁の、フィリピンの少女のことを考える。それは一体どういうことなのだろう。

「神は、わが傷あとに草の香をただよわせ、わが損失のあとに、野花を咲かしむ」

と詠まれた父・矢内原忠雄の魂に添って、暗雲の垂れこめた天の一角よりその時、一条の光が射しこんできたのではあるまいか。

不屈な、むしろ剛毅といった精神のすぐ傍らに、野の花のような優しい魂が息づいていたことを、この最後の挨拶という副題のついた「ふしぐろせんのう」の詩にも感じるのである。

秋の野の、小さな唇《くち》よ、
頭《こうべ》をあげよ、

さし昇る朝の光と、
微笑《ほほえ》み交せ

木犀香る街

林立する高層ビルの灯がちりばめられた目も彩《あや》な香港の夜景をあとに、桂林に降り立った時、街は百年ほど時代を遡ったかと思われるほど暗かった。闇の中にところどころ侘しげな灯がともり、人々はその下につどって、食事をしたり、語り合っているようだった。

どこか夢の中の風景のようだと思いながら車窓からみていると、隣でも「前世に迷いこんだようね」と囁く声がした。

夜気に木犀がかすかに香っていた。

「江は青羅の帯をなし、山は碧玉《へきぎよく》の簪《かんざし》の如し」と唐の詩人にうたわれた桂林は、三億五千年前、芒洋たる海底だった。一億年前ころより地殻に変動が起こり、桂林一帯は隆起し、今日のような石灰岩による峰林が出現したのだという。

たしかに漓江《りこう》は青いうすものの布であった。澄んだ水は峰々の緑を映し、江下りの舟がよせるさざ波に一瞬たゆたうように、舞うように嫋々《じようじよう》とした姿をみせながら果てしなく広々とゆるやかに峰間を縫って流れている。

峰と江は百里に及ぶ水上に互いに求め合い、寄り添いながら天地の気宇にみちた悠久の時をつくり出している。江には水牛や野鴨が遊び、屹立《きつりつ》する岩壁の洞くつに竹の寝台のようなものを張って憩う人、細い筏をあやつる人、江藻をとって岸に干す人、太古そのままのような土壁の家をめぐる風にそよぐ柳、竹林、その間をみえかくれして走る子供、そのあとを追う白いかぶらのような豚と豆粒のような小豚、はるか峰上の階段を薪を背負って登る人たち、これが現代なのか、ここにも百年を更に数百年遡った悠久の時がある。

この人たちも二十世紀末を共に生きる仲間なのだ、この人たちに天安門事件はどうかかわるのか、人類が侵されつつあるエイズを知っているだろうか、わずか一時間飛べば、現代の坩堝《るつぼ》である香港へ行き着く、その香港では七年後の中国返還を避けがたい厳しい現実として不安の日々を送っている。この小さな島土にひしめく人々の中で裕福な人たちはカナダやオーストラリアに国籍を求めて移住する人もある。天安門事件後の中国を信用できないでいるようだ。近代文明よりはるかに遠く悠久の時に生きる人々は、あの江上の生活にその生涯を終えるだろう、それが幸とも、不幸ともいえない。地球にはさまざまの人が住む。

桂林をたつ朝、市場へ行った。まだ土のついた生き生きしたねぎ、ちしゃ、ちんげん菜、青豆、芋、穀類、干物、肉、魚、すっぽん、蛇に至るまで、あの豊潤な、精気にみちた中国料理がここから生まれる。ここには人々のエネルギーが密集している。何か空々しい日本のスーパーマーケットのパックした野菜が浮かんでくる。

再び、香港に舞い戻った夜、そびえ立つ高層ビルの無数の灯や、外国船や軍艦のイルミネーションが港湾の水に映り、人工の極とはいえ、華麗きわまる大画面をホテルの窓からながめ、両者の相違を深く思わずにはいられなかった。今夜もあの暗い桂林の町に、木犀はほのかに香っているだろう。水晶をはめこんだような湖をいだいて、海底の夢をみているだろう。小半日の漓江下りを終えて峠にさしかかった時、幾重にもかさなる峰々が目じはるか藍紫からうす紫へと幽妙に繧繝《うんげん》され、今しも真紅《まっか》な太陽が沈むところだった。

海の底に夕陽が沈む、天上と地上と海底と、結ばれるその一瞬に、今われわれは立ち合って夕日を拝している。悠久の時を去るわれわれに自然は地上でめぐり合える最も荘厳な夕暮れをおくってくれたのである。

無垢の歌

遠い昔、菜の花やれんげが春の野を一面にいろどっていた田園のまん中にあった近江の生家で、私は美しい一冊の本を見た。

黄や青や紫の彩色された木版刷りのその本は、ブレークの無垢の歌、経験の歌、セルの書などといわれていた。寿岳文章・しづ夫妻の訳になるものだと母から聞かされ

ていた。今も

「処女《おとめ》セルは輝く星の群を牧しておりました」

という文章が、おぼろげながら浮かんでくる。あの本はどこへいってしまったのだろう。時折、思い出の中の夕星のように光っている。あれから半世紀ちかく――。

つい先月、私は東京の国立西洋美術館で開かれていたウィリアム・ブレーク展でその本と再びめぐり合った。網目紙に茶色のインクで刷られたレリーフ・エッチングには忘れもしないあのなつかしい彩色が丹念にほどこされていた。

時空を超えるとはこういうことか、私はひとつひとつの画面に見入った。

ブレークによれば、無垢とは、人類全体が一つの天体の中で結びついていたあの原罪以前のエデンの園、世界がまだ堕落していない状態だけが意味しているものではなく、個々人がそこから出発してあらゆる経験へと至り、さまざまな過酷な仕打ちをうけ、誘惑におちいりながら、なお、自己中心的な立場を捨てて、本質的な善の状態を獲得することができれば、いつでも無垢をとり戻すことができるというのである。

無垢の歌は、牧歌的な田園生活のよろこびや汚れない幼子を賛美しているだけではなく、救いのない孤独と飢えの中でうたう黒人の少年を次のように描いている。

「もし僕を、あの白い少年が愛してくれるのなら、二人が死んでから目も眩《くら》むような雲によって、白さも黒さも流された時だけだ。僕の黒い肌は、白い少年よりほんの少し、神様の光の熱に耐えられるだろう」と。

煙突掃除の少年は、その危険な汚ない仕事の辛さを、太陽を浴びながら川で体を洗っている時、キリストが助けに来てくれるだろうと夢みてなぐさめている。それらの詩の底流には、生きとし生けるもの、すべては、イエスの光の中に不滅に存在するというブレークの確信が貫かれている。

それに対して経験の歌では、堕落した世界の陰鬱と、都市生活の悲哀を告発している。人類の利己的な父である地上の創造者は、自分の創り出したものの不完全さを偽善的に嘆くことはできても、それを償おうとはしない。代わりに国家と教会という構造の結合した権力の罠を編み、その最初の犠牲者に、貧しい者や浮浪者、売春婦を選び出した。

無垢の歌では、慈悲が人間の心をみたし、憐れみは人間の顔をうるおし、愛は神のような人間の形姿をうみ、平和は人間の衣となって包んだ、とうたい、経験の歌では、残忍は人間の心をみたし、嫉妬は人間の顔をみにくくし、恐怖は神のような人間の形姿を崩し、秘密は人間の衣となって覆いかくされた、と歌っている。この人間性への荒涼とした絶望感を今、われわれは決して否定することのできない地点に立って実感している。

ブレークの指し示す深淵は底知れない深さをもって迫って来るようである。

うりずん

京都では、ひと雨ごとに春めいてきたかと思うと北山に粉雪の舞うころ、久しぶりに沖縄を訪れた。那覇につくと思わず上着をぬぎたくなるほどの陽気で、桜はすでに散り、うりずんの季節に入っていた。

うりずん、この快い響きをもった言葉は、うり（うるおう）、ずん（つもる）――うるおいがみちて草木がよみがえる季節をいうのだそうである。

あの沖縄の碧緑の海や、芭蕉の林を吹きすぎる白い空気のような軽やかな風にうりずんの気が満ちて、彼岸をすぎると若夏の季節に入る。琉球弧につらなるみずみずしい生命の息吹が響きとなって、波の間から生まれたような美しい言葉である。

その夜、小さなホールで講演をしたあと、久方ぶりに出会った婦人は、艶やかな黒髪を結い上げ、二十数年前と少しも変らない。かつて柳田国男が「妹《いも》の力」を書き、「瞳《ひとみ》には鈴をはれ」と語っていたのは、沖縄の女性への思いであったと思うが、たしかに、婦人の黒い瞳は鈴をはったように輝いていた。

その夜、私は、植物の中に宿る淡紅色（桜、梅、欅《けやき》、椋《むく》など）は植物の精の色で最も霊性の高い色だというような話をした。婦人は、

「こんなことをお話しするのは今夜淡紅色のお話を伺ったからなのですが、先日、山の中で山桜をみたとき、その紅色が何か私に語りかけるのです。何といえばいいか、神が山桜の中に宿っているように思えたのです。それ以来、私は花を生けて、花が散っても塵と一しょに捨ててしまうことができなくて、花を葬るようになったのです」

という。婦人はどんな酷暑の時も着物をきちんと着ている。「この着物は私の魂をつつんでくれます」。

古代、衣は本当に魂の器をつつむものだった。沖縄へ来て、やまとではもはや聞くことのできなくなったこのような言葉が生きていることに私は胸打たれた。

翌日、石垣島へわたった。今しがた砂糖黍刈りから帰ったばかりのおばあちゃんたちは、まっ黒に日焼けした顔を一斉にほころばせて、いたくなるほど手をにぎり、肩をだいて私を迎えてくれた。夜、三線《さんしん》が鳴り出すと円座に花が咲いたかのように歌い、踊り、八十歳をすぎたおばあちゃんも数人まじって、いずれもかくしゃくとして、打てばひびくようにきびきびと踊り出し、宴は深更に及んだ。

その中のひとりの媼《おうな》、司《つかさ》という神事をあずかる人が、本当に能面の媼のような気品のある顔をそっと近づけて「私、いま勉強しているよ」という。聞いてみると言霊《ことだま》の話のようだ。林へ入り、神霊と語る司の真剣な瞳が思い出される。われわれやまとの人間はありあまる物資にうもれ、老いを欺いて、いたずらに若い。

この石垣のおばあちゃんたちは本ものの老人だ。焦げ茶色の肌に深い皺、ふしくれ立った黒い手、働いて働いて、体はボロボロなのだ。しかしひとたび三線の音をきけば、天女のごとく踊り出す、このおばあちゃんたちが白保《しらほ》の浜で機動隊にかじりついて空港阻止の運動を続けてきた。岩の上に線香をたてて祈りはじめたおばあちゃんたちをみて、機動隊はじりじりしりぞいたという。

今十年余の戦のあと、空港阻止は一応勝利に終った。しかし、前途は暗い。ただ少しばかり、位置が変り、時期が延びたにすぎない。この天真爛漫に踊るおばあちゃんたちが最も根元的な妹の力を顕現してくれているように、私には思われた。

白い機

一九八九年三月「昭和の晩暮に、正倉院裂、法隆寺裂より先の、今から約一四〇〇年前の藤ノ木裂が出土し、日本の絹文化に三重の塔が建った感がある」という論文につづいて、九ヵ月後「一八〇〇年前の邪馬台国時代を彷彿させ、女王卑弥呼前夜の絹織の『用と技』を考えさせる千載一遇の機縁となった」吉野ケ里遺跡調査に参加し、そこで「ようやく弥生の色がみえてきた」と胸おどらせた小谷次男さんは、四月十九日この世を去った。

通夜の宵、竹やぶの中にひっそり沈んでいる遺宅を訪れると、柩の前に古代の白い機《はた》がおかれていた。真新しい機には透ける白い糸がかかり、機の前に、紅、縹《はなだ》、萌黄《もえぎ》などの糸が糸巻きにまかれて飾られていた。さながら故人の魂がそこに宿るかのようであった。焼香を終えて愛宕街道に出ると、小倉山の上に三日月がかかり、そのまわりにいくつかの星がまたたいていた。常とはちがうその宵の、異様なほど冴えわたる夜空の青が私の胸をついた。

故人がいかほどに仕事に命をかけ、肉体と仕事が追いつ、追われつしながら、ついに病に倒れるに至ったかが、その時直撃のように思い当たった。平素、目と鼻の先に住んでいながら忙しさにかまけて、ここ二、三年はめったに語り合うこともなかったが、時折、下駄をならしながら玄関の軒先にぶら下がっている鐘をならし、染め上ったばかりの紅の糸をかかげて「染まりました」と男の子のように得意気な顔、私がそれをみて「まあ」と目をみはると実にうれしそうだった。

時には藤ノ木古墳の裂《きれ》の話に興奮して、やっと苦心の果てに見つけ出した煙のように織《ほそ》い糸屑を顕微鏡でしらべている最中、突然「これだ」と叫んだとたん、その鼻息で糸屑をふきとばし、あわてて掃除機の中までさがしまわった話など、時を忘れて聞き入ったものだ。作家とも、研究者とも一味ちがう、どの範疇にもはまりにくい人だった。本当に彼の理解者は少なかっただろうと思う。

若手の有望な染織作家だった彼は、いつの間にか古代の染と織にむかってひたすら走りつづけるようになった。二千年前の楽浪王肝墓（朝鮮北西部）裂の実物に接した時は「恰も織物のご神体を拝するかの厳粛な感激に終始した」という。ある時、ふいに彼を訪ねると、座敷の奥の方にしじらの熨斗目《のしめ》をかかげ、まるで礼拝するかのようにじっとながめていた。古代の裂たちはそういう彼にむかって、思わず千年の時を超えて秘密を漏らしたにちがいない。夜の明けるまで顕微鏡をにらんでいたという。だれに告げようもない感動をもって神秘の境に遊んでいたのだろう。彼の遺稿のいくらかかたい学術的な文章の行間からほとばしるものにそれを感じる。それらは真意ゆえの、名文の格を備えている。彼の最終的な願望は、古代の染織に秘されたその時代の人類の英知としての「意味ある織物」を、糸技、織技、染技をとおして探索することにあったのだと思う。

自らその任を自覚し、肉体の崩壊を予知しながら果敢に遂行した。亡くなる数日前まで病院を脱け出して最後の始末をしたという。

二十数年住みなれた山荘風の庭の片隅には嵯峨野の山野草が植えられていた。「自分が死んだら庭の花を供えてくれといわれて、もし花のない季節だったらどうしようと思っていましたが、こんなに花の多い季節に逝ったのがせめてもの幸です」と夫人は語った。

前述の論文中にある日本の絹文化の三重の塔は今や四重、五重の塔になり、彼はその水煙のかなたを飛翔していることだろう。

「たけたる位」のこと

今年、千両の実が特に赤い。例年暮れには千両市が立つという。市場のすみずみまで緑と赤に埋もれる光景は壮観だろう。庭の千両は時々やってくる小鳥たちについばまれて可哀想だが、白磁の壺にたっぷり生けた千両は鮮やかである。

新年の掛け軸には金剛経の拓本「義」をかけた。深々としたこの書の前に座り、「進むに礼を以てし、退くに義を以てする」「義とは道である」という儒教の言葉を思い起こしている。

南に宝篋院《ほうきょういん》の深い竹藪をひかえているので終日陽の射さないこの座敷はしんしんと冷え込むけれど、笹の葉越しに洩れてくる光が障子に水墨のような影をつくる。簡素にしつらえた新年のこの部屋に座して私の一年が始まるような気がする。

六十の手習いというのは、六十歳になって新しいことを始めるという意味ではなく、今まで一生続けてきたものを、改めて最初から出直すことだと言う。もしかならば、私にとって今年がそんな年であってほしいと願っている。

今まで夢中で山道を登ってきたつもりが、よく見ればいかほどの峠にさしかかったわけでもない。もう一度山の麓に立って登り直す方がずっと魅力的だと思うわけは、要するにもう一度あの、わくわくした新鮮な驚きをもって仕事をしたいのである。体の方はガタがきて、方々がきしんでいるにちがいないが、そんな体をいたわってはいられない。なんとかだましたり、すかしたりして山を登らせようとたくらんでいる。

綾織《あやおり》の　緯糸《よこ》こそは苦しけれ
一つ通せば　三つ打たれつ

大本教の出口王仁三郎《おにさぶろう》氏の歌ときいているが、実際毎日毎日三十年の間ほとんど休む間もなく、とん、とん（私の場合は二つ）緯糸を打ち、筬《おさ》を鳴らしてきた。緯糸が左右に行き交うのは我々の生の営みそのものであり、喜び、悲しみでその日その日の色彩がちがう。一反を織るのに八万回打つとすれば、おそらく何千万回も打っているだろう。まさに打ちつ、打たれつの日々である。

そんな単調なくりかえしの中にひそんでいる魅力とはなんだろう。少しもいやにならないどころか、多忙で機に向かえない日はなんとかして機にしがみつきたいと一日思っている。そして今年あたりもう一度初めから出直したいと思っている。しかし言葉では言えても現実には大変な業だと思う。ほとんど不可能だということもよく分かっている。

暮れにいただいた白洲正子さんの『老木《おいき》の花　名人友枝喜久夫の能』の中に、こんなことが書いてあって深く心にとまった。

世阿弥の至花道書に「闌位事《らんいのこと》」という一段があって、たけたる位ともいい、みだり、たけなわ、やりかけ、まばらなどという意味で、いずれも不完全という言葉だという。

しかもそれは単なる不完全ではなく、「芸の奥儀を極めたシテが、ときどき異風（変ったかたち）を見せることがあるが、面白いと思って初心者が安易に模倣してはならない。そもそも『たけたる位』とは若年から老年に至るまで、あらゆる稽古をしつくした人間が稀に演じる非風（悪いかたち）なのである」と言うことである。その非風がある瞬間、是風（正しい形）になるという。

わざが自己を離れ、芸の枠を超えて自在になる。名人上手が完全無欠な芸を見せても面白くない。そこになにかドキッとさせられる一陣の異風が立ちあらわれ、我々の悟性をひっさらうのである。

すべて仕事をするものにとって、願う彼岸、終極の姿ではないか。

今さら、六十の手習いなどといって、最初から出直すなど不可能なことだと決めてしまってはいけない。たけたる位を遠い彼岸のこととしてあきらめてしまってはならない。人生は六十より七十、七十より八十に素晴らしい秘密がありそうに思える。

母から娘へ、娘から母へ

私は二歳で母の手もとを離れ、父方の叔父の養女となった。そして十八歳になってはじめて、本当の母親を知り、同時に母を通して染織と出合った。

今思うと、こうした特異な状況の出合いが、私と母との結びつきを通常より強烈なものにしたようだ。母は自分が続けたくて続けられなかった染織への思いを私に託し、私も母の魂がのり移ったように織物に打ち込んだ。

母が美を追い求める姿勢は、ひたむきで、無邪気といってもよかった。それゆえ母娘の葛藤も生じた。母が制作途中の作品を批判すると、私は「できあがったものを批判するのはいい。まだ中途のものをとやかくいわれては仕事ができない」とよく反発した。しかし母の答えは「最初の計画が生ぬるい。一練りも二練りもして始めるべきや」と手厳しかった。

けれど、美しいものに対する母の純粋な態度は、私にははかり知れないほど多くのものを与えた。私は母を乗り越えようとし、結果として芸術の厳しさを学んだのである。

その後、東京にいた養父母が最晩年に近づき、私が引き取って共に暮らすことになった。母と生活しはじめてから十年、再び別れの時がきた。その時母は、私に「ふくみと暮らせたのは私の人生にとってふろくや」といった。離れて生活していた幼い日の分を補ってあまりあるものを、母は私に与えてくれた。

年は移り、上の娘が嫁に行く時がきた。彼女は「私は織物はやらない」といって巣立って行った。しかし十年ほどたつと、娘は「藍染めをやってみたい」といい出した。その時は不思議なきずなを感じた。なぜなら、母は常々日本の染織から藍を絶やさぬようにと願い、私の仕事の中心に藍を置くようにいっていたからだ。

現在、娘の仕事をみていると、私は自分にない感性を、彼女が持っていることに気づく。私はどちらかというと、手足が先に動く方だ。それに対し、娘は考えてから行動に移す理論派のように見える。私と娘はタイプが違うが、私はそれで良いと思っている。

私と娘の間には、かつて私と母の間にあったような葛藤はない。だが、彼女は私から学んでいるだろうし、私も彼女から学んでいる。これからは娘を含めて、若い人たちの力になりたいと思っている。それは私自身が、新鮮な若い感覚を学ぶことでもあるのだから。

私の転機

もし人生に転機というものがあるとすれば、一人の人間の内と外から、機が満ちて、クリのいがが割れるように訪れるのではあるまいか。まだ物ごころつかないころに、父方の叔父の家に養女にいったことが、私のあずかりしらぬ最初の転機だったとすれば、そのころから、必然の糸の導きがあったのかも知れない。その出生の事実を知った十八歳の時が私にとって、世の中がすっかり変ってしまうほどの大きな転機だった。平凡な家庭の一人娘として、大切に育てられたが、何か一ばん肝心なものが欠けているように、幼心に絶えず思っていた。しかられたことも、争ったこともなく、お金がどこからわいてくるのかも知らず、従って、人の世のかなしみや苦しみを本当に味わったことがなかった。

十八歳のその時を境にして、今までの空白を一挙に埋めつくして余りある変動がやってきた。それまでいとことばかり思っていた兄が病あつく、平素はあまり行き来しない伯父の家に呼ばれ、そのまくら辺で、両親からすべてを打ち明けられた。そうなるまでに、私は自分の出生に疑いをもちはじめ、悩んでいたという事情にもよるのだが、事実を知ってしまうと、その衝撃は大きく、私はしばらく学校を休んで、兄のそばをはなれることができなかった。

この世で共に暮らすことの少ない妹を、一日でもそばにおいておきたいという兄の願いもあってか、私はその折、納屋の奥にほこりをかぶっていた織機《おりばた》をみつけ、なぜかどうしても織りたくて、母にせがんで兄のまくら元に織機をたててもらった。ただでさえ物音に敏感な重病の兄が、よく織機の音を許してくれたと、今思ってもふしぎでならない。その織機が、後年、私の人生に大きな役割を果たすとは、夢にもしらなかったが、自分の出生を知ってから、織機という媒体をとおして、今まで全く味わったことのない世界に導かれていったのである。

昭和初期、柳宗悦《むねよし》先生が京都に陶器、木工、染織とそれぞれの分野で、はじめから仕上げまで自分の考えを貫く、一貫作業による工芸運動をはじめられ、その上賀茂民芸協団に母も参加して織物をはじめたのだが、家庭の事情などで、やむなく断念せざるを得なかった。その間の経緯は幼い私など知る由もないことだが、他家に養女にやってより、片時も忘れることのなかった娘に出生を打ち明けると同時に、断ち切っても、断ち切ることのできなかった織物への執念がほとばしり出たのだろうか。

私は、出生の驚きもさることながら、母や兄たちの語る芸術の世界に圧倒された。今まで閉ざされていた扉が一挙に開き、暗やみに光がさし込むように、幼いころから何か肝心なものが欠けていると、漠然と思っていた空洞が、はげしい勢いでみたされてゆくようであった。十九歳でその年の秋に逝った兄と、美に対して情熱を断つことのできなかった母の思いとが綯《な》い交ざって、私を生まれ変らせたようであった。

今の時代から思えば、信じられないことだが、私は芸術や工芸に対して全く無知に等しかった。よく言えば、無垢だったのかも知れない。母のもとに育てば、幼いころから浸って食傷気味になっていたかも知れないものを、同じ血が流れていても、自分だけ閉ざされていたため、感染の度合いが強かったのだろう。

その後、十数年を経て、結婚に破れ、疲れ果てて再び母のもとにたどりついた時、織物が私を救いあげてくれた、というか、十八歳の折、噴射された玉は即、標的に向かって放たれていたのだろうか。人生にはしばしばこのようなことがあるような気がする。幼くして、母を離れたことが、甕に醸成され、発酵を待つ期間であったとすれば、私はこの転機を感謝しなければならないと思っている。

アリがタイなら

私の養母は九十二歳、一日のうち殆んど、おとなしく眠っている。

知人が訪ねてきて、「いかがですか」とたずねると、「あたしゃ、どこもわるくありませんよ。ただ呆けただけ」と実に明快である。七、八年前までは、毎日市場に買い出しにゆき、私の工房で働く若い人達にたっぷりご馳走するのが生き甲斐だった。母のつくるお惣菜や漬物は実においしかった。

それがいつの間にか呆けはじめて、二年程前から寝たきりになり、下の世話をするようになってからは私の部屋で暮らしている。

私は、仕事をし出すと夢中になるし、来客と話に熱中すると時間を忘れるし、そんな人間に老母の世話は無理と思われたが、やってみると、この上もなくやりよい老人で、手抜きは手抜きながら何とかやっているばかりか、私は母の世話をすることが少しも苦にならない。朝、隣の寝床から赤ん坊みたいな顔で、こちらをみている。「おばあちゃん、おはよう」と声をかけると、「グッドモーニング」とかえってくる。若い時から英語を使った経験などまったくない人なのに、どうしたわけか呆けてから突然英語がとび出すようになった。微妙なニュアンスを呆けというオブラートに包んでいるのか、呆けの洗練というべきか、先日も親戚の者が来て、丁寧に加減をたずねると、「ハゥワユー」と挨拶する。相手は面食らって、笑いながら暫く世間話をしていると、うるさくなったらしい。「グッドバイ」。こちらがからかわれているのか、呆けて健在である。

このお正月に、「いくつ」ときくと「十三ななつ、まだ年ゃわかいよ」という。こちらが遊んでもらっている。若い時から勝負ごとが大好き、「ポン」とか「チー」とか夢の中で麻雀をしているらしい。刺し身をたべさせていると、「東《トン》はいらないよ」という。刺し身と東とどういう関係にあるのか、常に東なのである。おしめをかえようとすると、「もう上がってるからいい」という。

たしかに、あなたの人生上がってます。

医者にかかったことがない。薬も一切飲んでいない。快眠、快食、快便である。

好きなものは卵、魚、肉。野菜は全然たべない。元気な時は野菜ばかり、あんまり野菜をたべすぎたから今高たんぱくでバランスをとっているのか、体が要求しているのだと思って食べたいものをあげている。そのせいか、肌もつやつやして床ずれもできない。不器用な私もこの頃は手馴れてきて、おしめをかえるのに一分とかからない。体を拭いたり、寝巻やシーツをかえるのに五十キロある体をころんところがして手早くやる。手をかけているとろくなことがない。「なにぐずぐずしてるの、いいかげんにして」。ハイ、ハイとかけ声をかけて調子よくやると、母はその調子にのせられて上手にころがる。愚痴、泣き言は一切いわない。威勢よくおこる。常に威ばっている。

仕事が忙しく、来客が多く、放ったらかしの粗末きわまる看護しかできない私だが、よくうまく呆けていてくれると思う、そんな母を、病院や人手にまかせる気になれない。

仕事の合間に二階にかけ上がっておしめをかえる。ああ、いいのが出た。階下に下りたとたん忘れている。若い時の母は、きかんきでたくましい神経の人だったから、いろいろな思いもした。それ以上に養女の私は母に煮え湯をのませるほどの親不孝をした。

そんなあれこれも今はあとかたなく消えて、夜、床をしいたり、着替えたり、髪を梳いたりする私を、床の中からじっと眼で追っている母の、おだやかなあどけない顔をみると、老のあわれをつつみこみたい思いがする。ふとんをかけなおして「おやすみ」というと、母は小さな声で、「アリがタイなら、芋虫ャ、くじら」と言った。

平凡を非凡に

初冬の信州に旅立つのは何十年ぶりかのことだった。思えば昔は毎年のように信州にかよったものだ。信州ばかりではない。結城に、前橋に、九州まで糸を求めて旅した。三十年程前は素人で紬を織る人はほとんどなく、糸を入手するのが困難だった。随分と紆余曲折しながらようやく自分なりの糸にたどりついた時、糸を求める旅も終っていた。そのことを旅のはじまりの京都駅で一度に思い出した。

三十数年前はじめて信州に糸の旅をした時、私は女三界に家なしの境涯だった。これから二児をかかえて織の道をゆく。その悲痛な思いが寒気の底にひびわれてゆくような夜の諏訪湖の灯と共に遠い記憶の底から浮かび上がって来た。下諏訪の老いた音楽家は私を迎え入れ、出来るかぎりの歓待と共に「おのれこそおのれのよるべ、おのれを措《お》きて誰によるべぞ。よくととのへしおのれにこそ、まことえがたきよるべをぞ獲ん」という法句経の言葉をおくって下さった。

湖畔を列車がすぎる時、師の眠る墓はどの辺だろうと目をあげると湖面に水蒸気が立ち昇っていた。山々は紅葉を終え、厳しい冬のたたずまいであった。俄かに冷えこんだ宿の一夜があけると、アルプスの山々は白い初冠を青藍の空の下に輝かせていた。

松本から高山へむかう途中、ふと駅の乗りかえ表示に郡上八幡とあるのが目に入った。先ごろ、宗広力三先生の病篤しと伺っていたので、ご平安を祈りながら若いころの先生を思い出していた。郡上八幡の先生のお宅を訪れた時、一夜ぼたん鍋をご馳走になった。はじめての味に戸惑い箸をつけずにいる私に、先生は「さあさあ、おやんなさって」としきりにすすめて下さる。私は閉口してやっと一片の肉を口にはこんだ。そんな遠い思い出をかかえて高山の宿についたその夜、先生の訃報に接した。

先生も私もちょうど同じころ、織の道に入った。満州開拓団をひきいて渡満され、終戦後それらの人々を郷里の郡上に入植させ、そこで紬織をはじめられた。そのころの先生は人にもらすことも出来ない程、辛酸をなめ尽くし、何とかして人の心を温かく包みこむような新しい紬の創造に日夜没頭された。それが後の郡上紬として誕生したのである。糸のこと、織のこと、染のこと、一夜をかけても語り尽くせないほど前述のぼたん鍋の夜は語り合ったものだ。

ある時、新聞紙上にこんなことをかかれていた。引き揚げて間もなく軍隊時代の友人が訪ねてきて、一夜石油ランプのもとで語り明かした。翌朝、別れる時、走り去るトラックの窓から「おーい、宗広くん、平凡を非凡に努めるんだ」と叫ぶようにいいのこして去った。苦しい境涯にあったその時、帰りぎわの一言がひとしおお身にしみたという。

平凡を非凡に努めるとはまさに先生の生涯だったと今、胸を打たれる。織物は一本の糸が切れても先へ進めない。一織一織、細い踏木《ふみき》の上に乗って一日中、手と足を上下左右に動かし、何万回の筬を打つ、平凡中の平凡である。その平凡を積み上げて、いつ非凡になるのか、一つの仕事をたゆまず続けてゆき、螺旋階段をのぼるように、少しずつ仕事の核にむかって己を精進させる――。

京都にかえってみると今年は紅葉もなく散るのかと思われたが、一夜の寒気で、釈迦堂も宝筐院も真紅の帳《とばり》をめぐらしたようである。緑から黄へ、黄から朱へ、朱から真紅へ、それらの紅葉をすかして空を仰ぐと、空が信じられないほど青い。宇宙の底の青、ラピスラズリの空だ。翌朝、寒気はさらに厳しく、釈迦堂の奥の院に紅は静粛に燃焼する。刻々密になってゆく色彩の極みの世界だ。紅の枝に松葉がふりしきる。銀杏も散る。黄金色の萩が蒔絵の中に揺らぐ。一葉の平凡は非凡の極みとなって造化の中に還ってゆく。

語りかける花

語りかける花

山の辺に茂る草叢《くさむら》から、ふと私に呼びかける花があった。手折ってしみじみとみつめれば、小さな花は慎ましい美の化身のように、私にさまざまのことを語った。

ご存じの方もあるでしょう、曙草《あけぼのそう》を、

私は知らなくて、あまりのいとしさに植物図鑑で調べたのだった。切れの深い五つの花瓣は淡黄白色《クリーム》で、そのひとつひとつに面相筆でかいたような濃い紫の玉がちりばめられ、その中に萌黄《もえぎ》色の円い玉が二つ、ならんでいる。淡黄白色に、紫と萌黄、まさに私などねたましいほどの見事な配色である。

わずか一センチたらずの花瓣にかくも精微な装いを凝らしたのは誰か、造化の神は何一つ無意味なものをおつくりにはならないはず。人知れず咲き、人知れず散るべき花にたまたま私は呼びとめられた。そして道の辺に立ちつくすほどその完璧な造形に驚嘆したのだ。

茎、葉、花、それぞれの形と色彩はかくあるべき劫初《ごうしょ》の姿として寸分の迷いもない。形は小さいが、その凜々しさ、奥深さは大輪の花に比して、小さい故の迫真の力をもっている。我々は仕事の上で自然を模倣する。しかし、何を模倣するのか、自然がこのように野を彩り、踏みにじってかえりみもしないであろう小さな野の花を至高の美に形づくるのはなぜなのだろう。そこにはきっと深い神の意図があるはずである。我々はその一滴をも汲みとるために、小さな花の語る声に耳を傾けたいと思うのだった。

み仏に問う

久しぶりの奈良だった。何年か前、やはり仲秋の夜を、桜井から天理まで夜どおし月と共に歩きつづけたことがあった。あの頃は若かった、と思いながら、唐招提寺に向かった。時折、雲間がくれの月が次第に風をはらって、皎々《こうこう》と冴え、人々が言葉少なに寺へむかって集まってゆく気配に、時を遡《さかのぼ》る胸の高鳴りのようなものを感じた。

山門に立ち、前方の闇の奥に浮かび上がる金色三体のみ仏を拝すると、胸中に光の海がひろがってゆくようであった。時間の幕《とばり》が巻き上げられ、古代の闇に、浄土海があらわれて、しらずしらずみ仏の傍へ掬《すく》いとられるような牽引力を感じた。盧舎那仏《るしゃなぶつ》、薬師如来、千手観音は光の海からあらわれ出たような異様なほど大きく感じられ、我々人間は砂粒ほどに小さい。

み仏の前でしばし法悦に近い思いにみたされ、時のたつのを忘れていた。ふと気がつくと、いつの間にか閉門の時間が来ていて、黒い大きな扉を重々しく閉じかける僧侶の背後に、三体のみ仏達は深い瞑想の中に消えてゆこうとしていた。その最後の光の余波を肩のあたりに感じとめて、私は立ちつくした。人影はまばらになり、境内に月の光が白々と冴えわたっていた。世紀末の混沌と汚濁の中にこのような時が存在していることを信じてよいのか、あの法悦を自らに問うてみる。仲秋の一夜、限られた時間に出現したみ仏達に、もう一度かたく閉ざされた扉をはげしくたたいて、問うてみたい思いであった。

雨に聴く

ひと月ぶりに訪れた山荘は、秋の冷気の中にすっぽり埋もれているようだった。台風が二度もやってきていたので、家のまわりは、杉の枝や木の葉で、黄金色の絵模様をしきつめたようだった。野もすっかり変っていた。夏がきらめく光を連れ去ったあとの薄野《すすきの》は銀褐色の蒔絵《まきえ》のように沈んでいた。

一夜あけると、高い梢から水滴がしたたり落ち、杉の木肌のところどころに金剛石が光っているようなのをふしぎに思って空を見上げると、目にはみとめられないほどの霧雨であった。山の、時雨か、とこんな深い吐息のような秋の雨をはじめて感じるようだった。この山あいの谷ではすべて自然のオクターブが、巷間では決して聞きとることのできない微妙な韻律の影を曳いていた。私はその音色を聞きながら、手にひんやりとした杉の肌にふれ、おたからこうの黄が点々と濡れている川のほとりをみつめていた。

そんな、ほっかりと現実を突き抜けてしまったような時間が、私に切実な、胸のさわぐ充実感をあたえた。むこうの山あいからやってきて、三つ、四つ谷や峠を越えて京の町に降りかかる雨の、ほんの吐息を聞いたのだった。追いかける雑事をくぐりぬけてようやくたどりついた山の住処《すみか》で、ほぐれかかった胸の隙間に聞こえたものは新鮮だった。

林にあかるみが射して、秋丁字の紫が匂い立った。

山里の葬送

翁《おきな》は山へ柴刈りに、嫗《おうな》は川に洗濯に、という昔語りそのままに、藁葺の家が山ふところにいだかれるようにして建っている。石垣には小さな石段がついていて、嫗は今も川のほとりに下りてゆき、菜を洗ったりしているのを、私は橋の上から時折ながめて、桃太郎の家、とひそかに呼んでいた。その翁が、つい先日、九十歳にちかい天寿を全うして亡くなった。

山里の葬《とむら》いは、棺を作ることからはじまり、細かい祭具や、わらじまで編む。団子《だんご》も石臼で挽《ひ》いてつくる。夜どおしかけて村人が集って用意するのである。秋雨にぬれた山路を肉親はわらじをはき、裃をつけ、赤や黄の紙で美しく飾られた棺をかついでのぼってゆく。山の中腹の墓地に埋めるのである。夜伽には数珠をくり、百万遍がしめやかにおこなわれる。車でわずか一時間しか離れていない京の町ではもう遠い過去の世界のものになってしまった山里の野辺おくりを、人間が自然にかえるとは、こういうことかと感慨をこめて見守った。

藁葺の屋根に三十センチも積もった雪に埋まってしまいそうなこの冬を最後に、幾春秋を過ごしたであろう翁は、医者にもかからずおだやかな最後であったという。死亡診断書をほしいとかかりつけの医師にたのむと、警察を伴って検死に来た。肉親をさがらせて長時間の検死のあと、やっと診断書が下りたという。法や規則が、大自然の中に謙虚に消えていった翁の死の尊厳にまで踏み込んでよいものであろうか。私は、山里の葬送の中に生きる自然と人間のかかわりの深さをはじめて知った故に一層胸が痛む思いだった。

秘色《ひそく》

以前、台湾の故宮博物館へ行った時、浅い青白磁の器をみた。それは今でも目にのこる〝水仙〟という名がついていたかと思うが、世に最も美しい器のひとつといいたいものであった。その時、雨過天晴という言葉を知って、雨の去ったあとの無限界へ突き抜けるかと思うほどの透明な空の青さをそこにみたような気がした。

高熱の火中をくぐりぬけて中国陶磁の稀有な品格が生まれる。火と水、全く両極の地点から出現するあの凍るように涼やかな青白群の色彩をこそ〝秘色〟と呼びたいと私は思う。たとえどのような高位の人が定めようとも、色は個々のものである。人それぞれが違うように人の眼に、心に映る色はその人のものである。

古代から日本には表現を超えたかと思われる達意の色名がある。秘色もそうであるが、滅紫《けしむらさき》、青鈍《あおにび》、真朱《まそお》、麴塵《きくじん》、等々あげればきりもなく、平安期から江戸期まで化学染料が導入されない以前の日本の色彩文化には底知れないものがあったように思われる。たとえば、色なき色をみる日本人の感性とは、それはどこから生まれてくるのか。

自然界の多種多様、無量な色彩群を超えて、否定の中に、無常の中にかすかに通奏低音のように伝導する琴線が、色なき色を感じとるのであろうか。そのあるかなきかの色彩は今、強烈多様な色彩群によって絶滅に瀕《ひん》しようとしている。その中で我々はなお色彩を享受して生きている。

一瓶の中

山の家から嵯峨へ帰る折、春さきから晩秋にかけて、私の手提げには必ず野の花々が入っている。それは習慣というよりもっと自然に気がつけば花、なのである。

つい先日は紙袋一杯の紫陽花の枯花だった。森の奥に消えてゆく道の川添いにむらがって咲く青紫の花は、そのさかりの五月、空が落ちてきたかと思うほど青かった。気温が俄《にわ》かに下がり、霜が下りるかと思うこの頃、その花むらはルドンのパステルのようなふしぎな色をしている。乾いた花びらは、正倉院の料紙のようにヒラリと軽く、花束にして籠や、ガラス器にそのまま投げ入れておく。

「さっとやっておけ」とは幸田露伴が娘の文さんにいわれた言葉だそうだが、花をいじくるのがきらいで、正月の花でさえ、水仙を二、三輪、さっとやっておけというのだそうだ。活けようとする花を四、五本、そっとひと握りして下向きにさげてみれば、花はめいめい好きなようにより添ったり、はなれたりして、いい形をつくり一瓶の中におさまる。花の好んでつくる形に従って自分の作意をもとうとするな、と伝授されたと文さんは書いている。

野に出て花を摘むとき、その丈や形、色や向きをしらずしらずととのえていて、殆んどそのまま活けてしまう。時間がかからない。何て無雑作な、と我ながら思うのだが、それが一ばん美しい。花はいじられないのがうれしいらしい。私もまた正月の花は生きのいい千両を白磁の大壺にさっとやっておく。

新しい衣裳

二十世紀のドイツの神秘思想家、ルドルフ・シュタイナーの創始した無踊芸術オイリュトミーを笠井叡《あきら》氏は「鬼阿闍梨」と題して京都の能楽堂に於いて十一月末、公演する。

ワーグナーの楽劇「パルジファル」の中の聖杯の騎士を阿闍梨にみたて、小杉英了氏が創作したものである。オイリュトミーの内実に日本の中世の僧侶の生死観を導入して、能舞台で演ずることは、東西の文化の接点をここに見出そうとする全く新しい試みである。笠井氏自身の言葉を借りれば「幽界の存在が『人間の肉体』という衣裳をまとって出現する能舞台に、シュタイナーを通して中部ヨーロッパに誕生したオイリュトミーがどのように展開されるのかは、私にとってもいまだ未知のことがらです。ただ二度と繰り返されることのない、一回限りの霊振《たまふ》りのオイリュトミーであることを願っています」ということである。

その公演の舞台衣裳を担当することになり、私にとっても全く未知の最も前衛の仕事になると思っている。

この原作の語ろうとする悪鬼調伏の対極にある愛の衝動とでもいうべき原理をいかに衣裳や、色彩の中にこめることができるか、ともすれば過去の既成事実にたよろうとする私に若い人達の新鮮で自由な発想が大きな力になっている。伝統的な器に新しい酒を盛ることができるかどうか、私にとっても二度とくりかえすことのない冒険だと思っている。

陸沈《りくちん》

いつ頃、どこで生まれた言葉なのか、小林秀雄の話の中に出てくるふしぎな人物、というよりその人の状態を、陸沈と呼ぶ。その陸沈を、私の友人のひとりにあてはめてみると、ややそれらしい人物が浮び上る。

海に沈む、のではなく陸に沈む、市井にかくれ住むように生きて、その小さな節穴から、じっと世界をみている。その視線は意外に鋭く、虚を衝くようなところがあって、私は時としてたじろぐ時がある。交際ぎらい、出無精であるから、めったに会うこともなく、たまに電話する。世界状勢から芸術、とくに文学に関しては、独自な批評精神がひかっている。

遠めがねの視界は鮮明である。延々一時間余、電話口からはじけるような諧謔が飛び込んできて飽きることがない。うっかり聞きほれていると、「ところでこの間のあなたの作品、あれ何よ」と一本お面を喰らうこともある。決してほめない。が何となく納得させられる。その上、次なる活力をあたえられるほど、実に豊潤美味な話なのである。

いつの時も、行きつくところは、芸術の魔力について語っているのである。そして
いつの間にか相手を酔わせているのである。私などよりはるかに透徹した眼力をもち、純乎《じゅんこ》とした才能をもちながらなぜ世に問わないのか、それが陸沈である。私にいわせれば、彼女そのものが芸術である。

たまたま、手や体を忙しく働かせる私のような働き蜂もいれば、何もしないで悠然と蜜をためる孤独な蜂もいるということである。

野《ぬ》とぅばらーま

先ごろ沖縄・石垣島で作品展を開いた折、会場の一室で、「山みりば（みれば）、八重山ゆうむいいだし（思い出し）、海みりば、まりじーま（生まれた島）、うむいいだし」という歌が目にとまった。島をはなれたひとが、八重山の海や山を思い出してうたった歌なのだろう、私はふと万葉の歌のようだと思った。聞けば「とぅばらーま」といって、豊穣祈願や、節歌、相聞歌など、その折々の思いをこめて、とくに恋

する男女の間では、言語に精霊が宿るとして、古代より今日に至るまで歌い継がれてきたのだという。

いみじくも、奈良時代の「嬥歌《かがい》」「歌垣」を彷彿とさせるようで心ひかれた。九月、十六夜の宵は、今も月にさそわれて人々は思い思い野に出て歌をうたう。かなたの森からも、海辺からもその歌声にさそわれて三々五々人々は月下に集《つど》って歌をきそい合う。それを「野とぅばらーま」というのだそうだ。

またこんな話もきいた。山にたきぎをとりにいった人が夕暮れさみしさのあまり思わず「とぅばらーま」をうたった。すると思いがけずとおくの谷の方から歌声がかえってきた。さみしいのはあなただけではない。私も夫を亡くして子供を育てているよ、という意味の歌だったという。

その話をきいた翌日、白保の珊瑚の海で、ふたたび「海みりば」の「とぅばらーま」をきいた。渋い美しい声だった。白保は世界的な珊瑚の海、そして、今新空港建設問題で苦しんでいる海である。夜の更けるのも忘れて、島の媼《おうな》達がうたい踊る輪の中にいつしか私も加わって、我々がとうの昔、見失ったものを再び胸に熱くよみがえらせていた。

手の花《ティヌバナ》　身の花《ミヌバナ》

沖縄には一度聞いたら忘れられないいくつかの言葉がある。手の花、身の花もその一つである。家を建てる時、手の花、身の花をもって、この家の下に花を咲かしてたもれと祈るという。手でする仕事、身をもってする仕事への悲願のようなものだ。人頭税の時代の織物もそうだった。こんど石垣へ行った夜、織物をしている方々が私を歓迎してその夜、織物に関する舞踊を舞って下さった。苧麻《ぶーひき》（あさ糸）という踊りは、紅型《びんがた》の美しい衣裳をまとった人々が、苧麻《ちょま》糸をひく動作をこの上なく優雅に舞うのだった。布さらしという踊りは藍のすがすがしい絣の衣裳をつけた人々が織り上った布を海にさらす様子を舞うのである。

いずれも仕事をする女の人の仕事に対する愛情と畏敬が見事に表現されていて胸を打たれた。今の我々にこのような姿勢があるだろうか。糸を、布を捧げもって自然の神々に礼拝しつつ舞う姿は、失いつつある私達の仕事への謙虚な思いを痛切に思いしらされたような気がした。

石垣島で織をする女性が私達は今もあの踊りと同じ気持で仕事をしていますという。そして、織物の中に必ず一ヵ所、魂の抜け道をのこしておくのです、という。すべてを自分がしている仕事ではない。神様にゆだねる部分を魂の抜け道としてのこしておくというのだ。それとよく似ているのは、ナヴァホのインディアンは美しいブランケットの一隅の小さい三角を織らずにのこしておく。最後の仕上げは神様にしていただくというのである。自主性とか個性とかの向こう側にもう一度これらの言葉を浮かび上がらせて新しい仕事の方向性を私は考えてみたいと思ったのである。

一葉の黄葉《もみじば》

今朝、アルヴォ・ペルトのヨハネ受難曲をきいていた。夜来の雨が今しがた霽《は》れて、紅葉のさかりをすぎた、冬枯れにちかい山肌のたかい梢をみていたら、――丁度受難曲が最頂点に達してか、高く澄んだ合唱が湧き上がった。その時、山の嶺ちかい梢から一枚の黄葉が舞い下りてきた。

雨上がりの朝の光の中でそれは鮮明だった。何かつよく意を決したかのようにしずかに舞い下りるのを、私は、私がその黄葉であるかのように、目がはなせなかった。藤蔓や枝々にさまたげられはしまいか、緑の針葉樹や金茶色の落葉樹の間をけなげに舞い下りてくる。無事に川までたどりついておくれ、川の流れは小さな波をたててお前を待っている、ペルトのこの世とも思われない清澄な音楽がお前を支えている。黄葉は枝ごしに、葉ごしにその姿をちらちらみせながらなおも舞い下りてくる。

流れはすぐそこだ、と思った瞬間、黄葉の姿は消えた。岩肌の一角にひっかかったのか、何の力もなく、無重の姿で軽く、この上もなく美しく舞い下りてきたというのに、イエスが道に入られたのはこんな姿ではなかったか、と思っていたのに、最後の一瞬で願いを果たすことができなかった。川の流れが一葉の黄葉を彼岸に送りとどけてくれるとでも私は思っていたのだろうか。ペルトの類い稀な調べは消え入るようにかすかになった。

一瞬のうちに私が私の願いを一葉の黄葉に託していたのもこの受難曲のせいであったかもしれない。

平織

織物の中で、平織は最も平易である。空気や水の如きであり、始めであり、終りである。何十年やっても、今はじめたかのように新鮮である。とはいえ、平織は最も手ごわい、底の知れない相手である。

平織自体単純無垢なので鏡のようにすべてを映し出す。なんだ、平織か、とうっかり踏み込めば、たくまずして根本原理の網の目にはめこまれて身動き出来なくなってしまう。経糸《たて》が一本ずつ交互に上下し、その間を緯糸《よこ》が左右する。この単純な作業の謎解きをすれば、経糸は空間であり、伝統であり、思考である。緯糸は時間であり、現在であり、感情である。経、緯の糸が十字に交差すれば、空間と時間、伝統と現在、思考と感情がその接点において織り成される。

経糸はすでに空間に張られた動かしがたい存在である。そこへ今日の自分の千々に乱れた感情が往来する。色彩はその日によって刻々微妙に、メタモルフォーゼして様々にあやなす今日を織り上げてゆく。或る時は、平穏な情緒と、安定したリズムを奏で、或る時は、強靭な意志の力で経糸に秘められた想いを構築してゆくこともできる。

平織は織手《ひと》の心である。底深い包容力をもって織手を包もうとする。併し、織手は平織にすべてをゆだねることができずに苦しむ、その日この相克が織物を新鮮にする、汲めども尽きないものにする。平織に宇宙と人間の深い仕組みがこめられていることをようやく知るようになる。

暁時雨

薄明かりにめざめると、雨か、と思う。ゆうべは星が出ていたのに、川の水嵩も増したようだと思いながら、床の中で風の音をきいていた。日いちにちと散る木の葉さえのこりすくなく、本格的な冬に入ってゆく間《はざま》の、いいようのない侘しさがしみとおってゆく。窓ガラスに水滴がたまり、戸外の冷えこみは、いつ雪になってもふしぎはない。この山家《やまが》ずまいで冬を迎えるのも三度目である。

ふと、山家集《さんかしゅう》の冬歌を読んでみたくなる。

暁落葉

時雨かと　ねざめの床にきこゆるは
　嵐にたへぬ　木の葉なりけり

やはり西行もきいていたのかと、心の閂《かんぬき》がゆるんでくるようだ。

山家時雨

宿かこふ　柞《ははそ》の柴の時雨さへ
　慕ひて染むる　初しぐれかな

柞（くぬぎ　小楢）はすぐ目の前の山にあって、いつの間にか柴色の葉を時雨に濡らしながら散っていった。時雨は慕いよって一刷毛《ひとはけ》柴色の葉を美しく染めていったのか。

月前落葉

山おろしの　月に木の葉を吹きかけて
　光にまがふ　影をみるかな

山おろしの風にのって月の面前を木の葉が舞う、光となり、影となり、一瞬の幻影である。私も昨年の冬、月の面に雪が白い簾をかけたように降りすぎてゆくのをみた。

ねざめする 人の心をわびしめて
しぐるる音は 悲しかりけり

織色

経糸に青を、緯糸に赤を入れて織ると、青と赤がかさなり、青でもなく、赤でもなく、やや紫に近い色があらわれる。それを織色と呼んでいる。さらに七彩《いろ》を七倍に、たてよこ織り成せば無限の織色が生まれる。すこしはなれたところからみると、視覚混合の働きによって真珠母色の輝きを得る。色と色は決して混じり合うことなく、一つの純粋な色として重ね合さるのである。

かりに経を空間、緯を時間とすれば、我々の日常もまた歓び、哀しみの織色である。記憶や夢に、もし色があるとすればそれもまた織色であろう。自然現象の中ではさらに神秘な織色があらわれる。晴れた日の海が緑翠《エメラルドグリーン》色に輝くのも、群青色の海と、太陽の光の織り成す色である。京都の街をかこむ山々もまた、春の霞にはじまり、夏の驟雨《しゅうう》、秋の霧、冬の時雨など、緑の遠山にうす青く、水蒸気がかかり、或日は灰色のヴェールが、或日はうす紫の靉靆《あいたい》した靄がかかり、遠近の山なみは暈繝《うんげん》ぼかしの玄妙な織色を呈する。それはまさにしっとりと潤いを含んだ日本的織色の世界である。幸か不幸か私はこの織色の世界から宿命的にのがれることができない。それならば私は、色が混り合うことを拒み、互いに補色し合い助け合おうとしている色の法則性に従順でなければならない。

人もまた、他者との、かかわり合いにおいて他と混同することなく、互いに調和をつくり出してゆくことをそれは示唆しているのかもしれない。

冬青《そよご》

今日も山に冬青を採りにゆく。常寂光寺に隣接する森の中に、御髪《みぐし》神社という小さな社があり、その傍らの山路をのぼりつめると、小倉山の峰にでる。目下に大堰川《おおいがわ》をのぞみ、春は朧にかすむ嵐山を対岸にながめ、秋も深まれば、紫に烟る梢が、わずかの紅をのこして耀《かがよ》うさまを見入りつつ、私はさまざまの植物染料を採集する。家から歩いてのぼるにほどよい距離ではあり、四季をとおして、この山のふしぎな気韻にいつも打たれるのである。十月も終りからその年の暮れにかけて、真紅の実を身一杯に飾って風にそよぐ冬青を何度か採りにでかける。「シモオヌよ、柊冬青《ひいらぎそよご》に日が照って、四月は遊《あそび》にやって来た」と詩人にもうたわれているように、姿美しく、愛くるしい冬青の、寒風の中に凜としてそよぐさまが好きである。そして何よりも、そのまっ青な葉を炊き出して、染め上がってくる鴇《とき》の羽のようなうすべに色を何にたとえよう。私は手前勝手と笑われても、この色を中老のやさしい女性におくりたい。若い女性の色ではないと。若い盛んな生命力が抜けてゆき、うっすら鼠がかった人生に、うすべにを刷いたような、年老いてこそ身に添う色なのである。髪に少し霜が下りて、老いがどこからかしのびよる間に、どうかあなたの心身をやさしく包んで——冬青の淡紅色はそういう色の響きと香気を秘めているように思われる。

真珠母色の輝き

今日、本をよんでいたら「緑と紫は、けっしてパレットの上で混ぜるな」という警句を発見した。緑と紫は補色関係に近い色であるが、それを混ぜると、ねむい灰色調になってしまう。だが、この二色を隣り合せにならべると「視覚混合」の作用で美しい真珠母色の輝きを得るというのである。

これは全く、同感、実感である。

緑が輝くのは紫によるのであり、紫が揺らぐような魅力を発するのは傍らに緑があるせいなのである。私はそれを織りながら体験したばかりである。純度の高い色の一つ一つを、丁度モザイクをはめこむように並べてゆき、ある距離からそれをながめると、色と色はごく自然にまぜ合わせたように、やわらかい光りを帯びていきいきと輝いてみえる。

どんなに美しい色を混ぜ合せても、決してこうはならないのである。このことは植物染料の場合、より厳正に決定づけられている。例えば、茜と紅は同じ赤系統の色であるとしても、一方は茜という根からとれた色であり、紅は花びらからとれた色である。根には根の、花には花の、色の主調がある。すなわち根は根づよい芯のしっかりした生命をもち、花びらは儚い、移ろいやすい命のもろさをもつ、それが色の主調である。この二つの色を混ぜ合せればお互いは死ぬのである。反対にこの主調を生かせば、色は輝くのである。

もらった色

昨夜、若い女性がたずねてきて、織ったものをみてほしいという。数葉のショールをみせてもらった。いずれも色が濁っていた。えんじ色を出したいと思って、三種類ほどの植物をかけ合わせたが、自分の思う色にならなかったという。私はいった。

「色は植物からいただくのです。どんな色になるのか、その年の、よい時期に採れた植物から最も無理なくいい状態で色をいただくのです。それが天然の絵の具です。よい時期とか、状態というのも、毎年毎年、くりかえし、くりかえしやってみて、ほんの少しのちがいや発見をみのがさず、さぐってさぐって、植物から教えてもらうのです。今年は団栗《どんぐり》から思いがけずいい茶色をもらいました。自分で色を出そうと思わずに、あなたのまわりの植物から色をもらって下さい。そうすればその色が大事になりますよ、その色に何かもう一色かけて殺してしまうようなことは決してできないでしょう、団栗は、輝く栗茶色や鉄色をもっていて、もうそれだけで秋の森の中に入っていた気分です。色からの発想がぎっと湧いてきて、一色一色が息をするのがわかるでしょう。これから、森は栗が落ちつくして、何も求めるものがないと思うのはまちがいです。樹々は明春のために生命ある色を蓄えているのです。そして常緑樹は雪の中で生き生きと色を保っているのですから」

昔の時計屋

首から下の機能がすべて麻痺して、車椅子の星野富弘さんが、口に筆をくわえて描いた花の絵は、力づよく、詩は真実を貫いて、共に美しい。その花の詩画展を思いがけず京都でひらかせていただき、多くの人々の感動を呼んだのだが、その会の世話をした者たちが、記念に星野さんに音の鳴る時計をおくることになった。共に御世話をして下さった岡部伊都子さんが星野さんに電話をかけた時、ちょうど時計が鳴り、「ああ、時計が鳴っていますね」と星野さんがいわれたことから、そういう話になったのである。

京都の街中に古時計にかこまれて、いとしんで時計を守っているおじいさんがいる。私は昔、古時計をなおしてもらったことがあるのを思い出してたずねてみた。相変わらず童話の中に住んでいるようなおじいさんは、古時計にかこまれてにこにこしていた。飾り窓の中から、木口のいい、立派でもいかめしくもないのにどっしりと豊かな置き時計をみつけた。

音は、と問えば、鈴ですねんという。チリリン、チリリンと鳴る、まるで小人が槌でたたいているような涼しい音色である。それにきめた。ついでに小さな八角の好もしい掛け時計もみつけた。それもかわいい鈴がなる。これは私がいただくことにした。二つともフランス製だという。壁にかけてあかずながめている。新年から音をきくことにしてまだ捻子《ねじ》はまいていない。

ゆりかもめ

いつの頃からか、賀茂川にゆりかもめがすみつくようになった。昨年雪の舞う川べりで少女がパン屑をまくたびに、何百羽というゆりかもめが舞い立つのが美しかった。

今年も季節が来たと賀茂川べりにいってみる。御薗橋から葵橋にかけて、いくつかの群れが川の瀬に一列に風にむかって並んでいる。風の音でもきいているのか、かと見れば、ちりめん波の中に縦隊をなして、何事かを期して出を待つといった格好でみじろぎ一つしない群れもいる。川べりに立ってパン屑をなげると、幼鳥らしい一群がパッと飛び立ってやって来た。来るわ来るわ飛び交うかもめの嘴《くちばし》にパンが見事に命中して吸いこまれる。飛びすぎて、引きかえしざまパシッとくわえたりする達者もいる。思わず「うまい」と声をかけたりする。円《つぶ》らな瞳をして、どことなく肥りぎみでかわいい。

足の色がそれぞれ違う。うす肌色、柿色、真紅など幼鳥、成鳥でちがうらしい。毎年十月中旬カムチャツカの南の沼沢地からやってくる。夕暮れは早めに何百羽と群れをなして、上昇気流にのり、霞がたなびくように琵琶湖上の塒《ねぐら》にかえってゆくという。朝は八時ちかくに再び賀茂川に姿をあらわす。昔は賀茂川といえば千鳥だった。今はみかけることもなく、今の賀茂川に千鳥はいたいたしい。少し肥りぎみのゆりかもめが似合うのかもしれない。

さむがりやのサンタ

階段をひたひた小さな足音がのぼってくる。私は床をあけて、冷えきった小さな体を抱く。母屋に住む孫娘は、私の住む織場の二階までいくつかの戸や、渡り廊下をとおらねばならないのに、この本を読んでもらいたさに小さな枕をかかえて朝早くやってくる。何ど読んだことか『さむがりやのサンタ』(福音館書店)。そのたびに私はサンタになりきって呟く。

「何てこったい。いやなゆきだよ、こんどはあめかい。おつぎは何だい」

夜があけるまでブツブツいいながら、世界中の子供達に贈り物をくばって歩く。やれやれやっとたどり着いた我が家で、風呂に入り、紅茶をわかし、ケーキを蒸してクリスマスを祝う。クロ(猫)には魚を、ポチ(犬)には骨をプレゼントして。読み終ると孫娘はいう。「もっぺん」。また新たな気分で私はサンタさんをやる。ふしぎに飽きない。そのたびに新しい発見をする。トナカイやクロやポチに思わず「いいこだ」とつぶやくのはサンタさんではなくどうやら私らしい。それほどこの本はあちこちに愛情が光っている。サンタさんのまわりにはほんものの湯気が立っている。サンタさんのプレゼントがなぜ大丸の紙包みなの、おとなりとなぜ一日ちがいにサンタさんは来るの、と真剣に問いただしていた孫が、今年は何もいわないという。真偽をはっきりさせて、夢がつぶれるのが惜しいと思っているのだろうか。

偉大な素人

寒風の中を安堵村《あんど》まで行く。この師走のおし迫った時に訪れる人もなく、富本憲吉記念館はしんとしていた。初期大和時代の特別展の終りに近く、是非見たいと思ったのである。明治四十三年、イギリス留学を終えて帰国直後、まだ陶芸を手がける以前に先生は、染織、刺繡などを行っている。その作品をはじめてみた。自身で織った麻糸の生地に、同じ麻糸で印度の寺院が荘重なまでに堂々と繡《ぬいと》りされている。白繻《しゅ》子帯に紫のヒヤシンスが点描され、それらは技術以前、稚拙といえばそれまでだが、そんなものは通りこして、東洋の青年がはじめてふれた異国の清新な香りが、初々しく漂っている。大和時代は貧しかったときくが、幼い娘達のために、呉須や白磁のままごと用コーヒーカップを作り、金彩の紙ばさみを作り、自身の絵の具摺りのために、紫、緑、黄とそれぞれの色と文字を組み合わせた美しい道具を作り、この陶工は何とやわらかい心の持ち主だったのだろう。

小指ほどの色絵陶筥《とうばこ》をあければ、豆粒ほどの竹林月夜の文字が並び、それらは白磁の大壺などと共に一つ一つ家宝とかいた箱にしまわれていたとか、先生自身愛着、手ばなしがたく傍らにおいておかれたものを、ある時一枝夫人と衝突して、それらを全部なげ割ってしまわれたが、あまり小さくて割れずに生きのこったとか、私が心打たれるのは、先生が最後までそういう偉大な素人だったということである。

奈良の冬

森の奥に橙色の灯がみえた。急ぎ足に歩いてゆくと、笙《しょう》や篳篥《ひちりき》の音がきこえてくる。うすやみの杉の根かたに鹿の群れがひっそりかたまっている。矢来の垣に高張り提灯の内では、舞楽がはじまっていた。

春日若宮おん祭の舞は、十二月の寒夜星空を舞台に行われる。田楽、細男《せいのお》はすでに終り、今しも蘭陵王《らんりようおう》が朱の裲襠《りようとう》装束の裳をひいて上ってきた。金色のふしぎな面をつけ、夜空に高々と振り上げた金色の撥《ばち》が、大太鼓の一打ごとに、キラリと光る。袖の振り、足のはこびが、まことにゆるやかで、どこまでもひろがってゆくようである。

それは我々が現実の生活で見失っている、雲の流れてゆく間、波のうちかえす間のように、自然がくりかえしくりかえし各所で輪廻している悠久の間に通じているように思われる。地に屈み、天をふり仰ぎ、ゆるやかな弧を描いて舞うこのテンポは、左右の火焔太鼓が交互に打ち響く中で、納曾利《なそり》、散手《さんじゆ》とつづき、落蹲《らくそん》によって終了した時は深更に近かった。すべての奉納の儀式が終り、神官が勢ぞろいした時、一斉にすべての灯がきえた。各所の篝火に最後の水が打たれ、暗闇にうす青い煙がたなびいた。

神官が榊をかかげて、白い幕のように浮び上り、楽の音と、地の底からの声明のような声の中を行列がすすんだ。その時星は異様なほど光り、春日の森のはしからはしまで長く、美しい流星をみた。

草木抄

山桜

「花はさくら、桜は、山桜の、葉あかくてりて、ほそきが、まばらにまじりて、花しげく咲きたるは、又たぐふべき物もなく、うき世のものとも思はれず」（玉勝間、六の巻）

日本の、大和《やまと》の桜は本居宣長のこの文に尽きるといってもよいと思う。古来、我々日本人はなぜこのように桜に魂をうばわれるのであろうか、かくいう私も春四月、水浅黄の空にふくらみそめた桜の花をみると、心は宙に浮く思いである。嵯峨野周辺はどこへいっても、桜と流水にこと欠かない。ある年の夕暮どき、広沢の池のしだれ桜は、うす紅色がやや紫を帯びて天蓋のように艶麗に咲き匂い、何やらあたりにただならぬ気韻が漂い、別世界にいざなわれてゆくようであった。うき世のものとも思われず、というのはこういうことか、桜の花ひとつひとつが無限に透明になって空華という花がもしあるならば、そんな思いがするのだった。日本人は美しさのきわみを匂うがごとくと形容する。これは桜からの連想が最もふさわしいように思われる。

春浅い二月、桜の枝を炊き出して染めたとき、思わず匂い立つという言葉が浮かんだ。事実、染場は甘いけれど鮮烈な匂いに充ちていた。底の方から光が射すような、淡いけれど深い淡紅色、桜の真髄を貫き流れている聖なる水、その水の透明な色をさくらいろと名づけ、古来人々は、桜がさね、桜の薄《うす》ようなどといって愛でたのであろう。一遍上人絵伝、寝覚物語、春日宮曼荼羅には今も現の桜よりなお美しく、永遠に咲き匂っている。

このような桜への異常なまでの愛惜は他の国に決してみられないであろう。自らの奥津城《おくつき》に山桜をと、遺言した本居宣長の歌を一首。

桜花　ふかきいろとも　見えなくに
　ちしほにそめる　わがこゝろかな

藤

わが宿の藤の色濃き黄昏に
　たづねやはこぬ　春の名残りを

源氏物語の藤のうら葉の巻に、内大臣が夕霧を藤のさかりによせて誘う条《くだり》があるが、ひところ私も藤にさそわれて、毎年のように奈良をおとずれた。春日大社の森を散策していて思いがけずはげしい雨にあい、迷いこんだ森の奥で見上げる大樹にからまりながら降り注ぐ紫の花房が、まるで交響曲のように一斉にこちらにむけて音を放った。萌えるような緑したたる中で華麗な紫の大段幕が垂れ下ったようで忘れ得ぬ印象だった。春日大社の緑の廻廊のむこうに砂ずりの藤が夢かとまがうばかりに地上すれすれに垂れ下っていたのも打ち重なる印象であった。昔読んだ保田与重郎《やすだよじゅうろう》の文章の一節も忘れがたい。

「京の空は曙のくれないは深くて、ほとんど紫に近い。そういう一時、鳳凰堂の前にいると、平等院の藤は満開にちかく、全くそれが夢とみえる。その藤波の花の長さは五尺もあって、みな揃って重く垂れつつ房の先はほのかに溶けて動く」

平安の昔、人々は浄土欣求《ごんぐ》、浄土出現を願い、雲中供養菩薩を刻んだ。藤波はその影を池水に映して古人の願いを夢に結んだのであろう。

春をやりすごしたある朝ふとわが庭の藤棚を仰ぐと、あるかなしかに紫さした蠟のような蕾が、一斉にはらりと大気にその花房をふりひらいていた。

茜

何年前になるだろう、まだ奥嵯峨の方は草深い森や、藪の点在している頃、数人の若い人と茜《あかね》掘りにでかけた。森の奥ふかく入っていた人が、「これ、平安時代の茜かもしれない。帰ったらまつりましょう」と冗談めかしてそういった。たしかに赤黒い太い根は何百年も地中で安らかな眠りについていたのではないかと思われるほど太古の姿をしていて、まぶしい陽光の中で戸惑っている表情だった。茜が森の中の地中ふかくどの位ねむっていたかはしらないが、根はたしかに茜空そのものの光をふくんだ紅色に染まった。別の時、やはり茜を染めていて若い人が、このまわりに天使がいるみたいと思わず口ばしった。地の泥中の闇になぜ光を保ち続けていたのかまさしく光の根というしかない。鉱石の、たとえばルビーやサファイヤの色は地球が太陽から分離した時、遊星ののこしていった色というか、いまだに遊星とのかかわりをつづけているという。植物もまた月や遊星との交信を今もつづけているのではないだろうか。植物の花へ至る色が、地中の根に下降していった茜は、そういえば小さなこんぺいとうのような白い花を咲かせ、それに目をとめる人とてない。茜は山野に自生していると今までは書物にもかかれていたが、今や刻々にその姿を消している。私がひそかに嵯峨茜と名づけて掘りにいっていた杉林がつい先日見事に整地されていた。もう日ならずして嵯峨茜は絶滅するだろう。日本の茜は根も細く、緋色にまで染めるのには想像を絶するほどの労苦がかかり、今では染める人もいない。昔、深見重助翁に習っていた時、いただいた緋の紐《ひも》を経巻のように大事にしている。茜百貫、百回ちかく染めかさねたという。伊勢神宮のご遷宮などにそれらは使用された由。深見翁の亡きあとは化学染料になってしまったと聞いている。

額あじさい

山あじさいをあじさいの母だとするならば、額あじさいは品格の高い大伯母とでもいえるだろうか、このあじさい一族の親戚関係はなかなか微妙である。

初夏の山路をいくと、まずあざやかな緑の葉の中に水溶性の空色の小花をつけた「こあじさい」に出会う。京都の近郊の山々、とくに比叡山の山中でこの花々に出会うと、まだかすかに神の手すさびのあとがのこっているかのようである。これらは里に下りるまで汚れをしらない素顔をしているが、それを人は原種というかたい名で呼ぶ。

私が今住んでいる京都西北の山あいでは、紫碧色とでもいおうか、紫とも青ともいいがたい実に清麗なあじさいが、渓流のほとりの民家の石垣に咲いている。その中にひときわ品格を誇っているのが額あじさいである。山と里と街のそれぞれに咲きわけるあじさいの中で、額あじさいはどこか街に近い感覚をそなえながら、そこを超える歴然とした風格がある。花の中でも藤のように下降するもの、牡丹のようにあたりの空気を吸収して盛り上がるもの、花みずきのように空間に浮ぶものなどそれぞれ特色があるが、額あじさいはまさに三つめの、それも空気よりは、より水蒸気に近い空間に浮んでいる花の一種である。

この額あじさいの一族の中でも私がとくに心ひかれるのは「甘茶」である。花瓣の先端から紅色をほのかにただよわせ、夏の宵の風に酔ってでもいるのだろうか。額あじさいの中でも秘蔵の娘、それも単純無垢の娘ではない。この一族の中では最も秀でた感性と知性をもってあたりをはらう気品にみちている。また見地を転ずれば、額あじさいの親にしても手をふれることのできないある恍惚の境地に入っているといえるかもしれない。

それらのあじさい族の中で、何といっても清明な光を放って一族を統率しているのが、うす水色に浮ぶ額あじさいであると、私は思っている。

木犀

清涼寺の築地《ついじ》をめぐると、どこからともなく木犀が薫る。身にしみる秋の精の訪れである。金木犀も、銀木犀もそれぞれによいけれど、何よりその花の地に散り敷く風情が好きだ。芥子粒のようなこまかい花を手にとれば、凜々しい形、どこまで拡大しても遜色のない造形、その小花のひとつひとつがまさに香を放っている。冷んやりした夜気の中でほの白い花の敷きものに思わず足をふみ入れて戸惑う。決して踏んではならない聖域のようだ。音もたてず一晩中、小花が散る。香りを一滴一滴空気の層の中にしみこませながら、静かに秋の気を漂わせる。

若い日、木犀と名付ける人がいた。ちょうど、庭先に木犀が香っているときはじめて訪れた人だった。着物がよく似合って、もの静かな人だったが、若くして、亡くなった。いくらか冷たさの匂うような優しさが木犀の香に似ていた。すくなからず、私達に運命的なものを感じさせたその人を、毎年木犀の季節になると思い出す。

木犀が秋を代表する香りとすれば、沈丁花は浅い春の香りを漂わせる。それらは、花の香りというより、木全体から匂うような、媚をしらない、清楚な季の先ぶれ、精そのものである。

まだ木犀が香るなどと夢にも思っていなかったある年の秋のはじめ、心たかぶることがあって、私は川沿いの道を夕暮、小走りに家路にいそいでいた。熱っぽい昼間のほてりと夕霧が立つそのあたりに俄かに木犀の香が流れてきた。古い庄屋の裏庭に数本の木犀があることをその時まで忘れていた私は、はっとして思わず足をとめた。高揚していた感情が一瞬、潮がひくように冷えてゆき、そのあとにいいようのない哀しさが胸をみたした。

もう何十年も前のことなのに、実に鮮明によみがえるのは、あの香りである。あの香りこそ、亡きひとの面影にも、消え去った熱い感情にも、ひたとより添って今も生きている。

臭木《くさぎ》

くさぎが染料になると知ったのは何年位前のことだったろう。その後、私の家の畑にも、バス通りにも、町中のそこここにくさぎは生えていた。工房の人達はみな若い娘だというのに、長靴に、竹竿、刈込機、ビニール袋など七つ道具をたずさえて京の町を歩いた。道ゆく人が「何を採っているんですか」と聞く。「くさぎという染料です」と言うと、「あ、くさぎぞめ（草木染）ですか」と妙な語呂合わせに苦笑した。

くさぎは枝を折るとビタミンのような独特の匂いがする。そのためきらわれてどんどんきられてしまったのか、今はめったにみかけない。

どこかへ旅行すると、しらずしらず、染料になる植物をさがしている自分に気がつく。白浜へいった時も、谷をおおうばかりの白い花をつけたくさぎの大群落に出会って、思わず次の駅で下りたくなった。実をとるのは秋十一月頃であるが場所を確認したかった。

繊細な白い花はやがて赤い萼につつまれた瑠璃色の玉をいだくようになる。澄み切った青空に小さな実を輝かせて成熟するくさぎを、私は詩に書いたことがある。

天青《てんせい》の実

紅万作《べにまんさく》や、満天星《どうだんつつじ》の
まぶしい照葉が散ると
丘陵地や、森は、
深々とした落葉と、実の季節に入る。
雪におおわれる前の

短い晩秋の空に
くさぎは精一杯の枝をはり
小さな壺をかかげて
天の青い滴を、その実に貯めこんでゆく
私はその実をあつめて
なめらかな蠟質《ろうしつ》の
玉《ぎょく》のように半透明の瑠璃色を
糸に染めるのである。

千両

つるべおとしの夕暮れは、のこりすくないこの年の日数をかぞえる間もなく、一気に師走にむかう。そんな初冬の庭の片隅で、艶々した緑の葉に小さな紅玉の実をつけて、存在を訴えているのが千両である。周囲の枯色に比して何かそこだけに凜とした気韻がただよっていて、私は廊下をとおるたびにその一隅に目をやるのだが、時折、粉雪のちらつく朝、鵯《ひよ》だろうか、かさっと音をたてて飛び立ったあと紅い実の俄かにまばらになったのに気がついた。それがいかにも雪の朝の風情があって、苔の上に散っている紅い実がひとしおあわれである。

京の花市に暮れが近づくと、千両市というのがたつという。うすら寒い市場の片隅に、そこだけ緑と紅の錦が織られたようでいかにも年の瀬という感じになるのであろう。私も暮れには必ず、白磁の大壺に千両だけをたっぷり活ける。枝を整えるでもなく、大ぶりのものをそのまま、庭の一隅をそこに移し活けたような具合いで。庇をとおし、廊下に射してくる外光が障子の白さを透して、座敷の畳までとどく頃には「陰翳礼讃」ではないが、白磁に活けられた千両のまわりには、果敢《はか》ないまでのわびしい光がたゆたっているのである。火の気のない奥座敷はしみ入るように冷たく光を吸いこんでいる砂壁を背景に、白磁の白と千両の緑と赤が心憎いほどの鮮明な色彩を際立たせて、「私は数寄を凝らした日本座敷の床の間をみる毎に、いかに日本人が陰翳の秘密を理解し、光と陰との使い分けに巧妙であるかに驚嘆する」と、谷崎潤一郎が語っているように、とりわけ数寄を凝らしているわけでもない座敷の、なぜかこの清楚な木と紙と砂壁の空間に、限られた光と色調によって、最も日本的な陰翳の美しさが出現するのである。私は一年の終りに、床の間の軸をかえ、千両を活けるこの時間帯が、新しい年を迎える心がまえとしても最も好きなひとときなのである。

藪柑子《やぶこうじ》

昔、近江に住んでいた頃、まだ小学生だった娘達をつれてよく裏山にのぼった。水晶山などと言って美しい草木にかこまれていた。雪がまだらに消えのこる年のはじめに、山の辺に点々と真紅の実をピカピカ光らせている藪柑子をみつけて胸がたかなった。黒々とした土と白い雪、さみどりの葉に真紅の実がどんなに新鮮な音色を奏でていたか、今でも思い出すと、ほこっとした土の感触がよみがえる。その頃病床にあった師のもとへこの藪柑子を何とかして届けたい、とそう思ってシャベルで土をおこしたのだ。ダンボールの箱へ幾株かの藪柑子をおさめ、京都にむかった。桂の家の庭に植えかえられた藪柑子を病いの癒えた師は縁先に坐ってしみじみと眺め、生きていることのありがたさよと、おたよりをいただいたが、その半年後には還らぬ方になってしまった。

あれから二十数年の時がたって、つい先年、京の北の奥の今の住居の傍で、山の斜面に藪柑子の群生をみた。谷間の渓流の傍ということもあって、山肌は常に湿気をふくみ、濡れて光っている山苔の間に、赤いというよりは赤暗色の実が、そこにもここにも小さい赤い灯のように点在している。昔、掘りおこして届けたいと思ったことなどなつかしく思い出すが、今はそっと山かげに実っていてほしいと思う。

念のために茶花の本を開いて藪柑子をさがしていたら、おや、と思いあたることがあった。この春、その山かげの斜面でやさしい紅を含んだ小花をいくつかみつけて、何の花だろうとしきりに気になった。あまり可憐なので手にとってしみじみながめたりしていたが、何の花かわからなかった。今その本の中の花をみて、ああ藪柑子の花か、とやっとわかった。それにしても花といい、実といい、心憎いほどの慎ましさでありながら何という美と品格を備えていることか。心から尊敬していた亡き師にもどこか通い合うところがあったような気がしている。

水仙

「水仙は、曼珠沙華の父である」といったその画家は、俳人でもあり、好んで水仙を描き、その賛《さん》に書いた言葉がそれであった。何気なく呼びならされている水仙という言葉の響きは、寒気に咲く凜とした花に何とふさわしいことだろう。中国陶磁の中に、碗よりも浅く、盃よりも深いものでたしか盞《さん》というと聞いているが、「水仙」という銘のついた、青とも白とも緑とも言いがたい青白磁の名品があった。まさに水仙の精と呼びたいものだったが、それにつけて思い出すのは、ギリシャ神話のナルキッソスという美少年の物語である。あまりの美しさに多くの妖精から愛され、「もしおのれの姿を知らねば、長生きするであろう」と予言されたナルキッソスは、ある日、牧人や動物さえ近づかない清冽な泉のほとりにさまよい出た。疲れた身体を水辺によせて水を飲もうとしたナルキッソスは、そこにこの世ならぬ美しい少年の姿をみた。思わず魅せられてはげしく恋した少年は、手をさしのべ、身をのり出したとたん、はっと気がついた。それは己れの姿ではないか！　生まれてはじめて恋した現身の相手は自分自身だった。「ああ、あわれにも愚かな少年よ、おまえの見ているものは水に映ったおまえの影にすぎない。おまえの恋している相手は、どこにも存在しないのだ」といくら森の精にさとされても、彼はその場を去ることなく、草の上に身をよこたえ、幻の姿を飽くことなく見入っていた。食事もとらず、寝もやらず、彼は我と我が眼のためにみずからほろびてゆくのである。「ああ、森たちよ、恋してこれほどむごい苦しみを味わった者があろうか、せめて最後の願いは、恋する者同士、ひとつの息を共に引きとって死んでゆくのだ」こうして彼はたくさんの妖精や姉妹の悲しみの中に息をひきとった。炬火を燃やし、花を捧げて彼を葬るべく泉のほとりにむかった彼女達の前には、ナルキッソスの亡骸のあとに咲く美しい水仙が泉にその影をおとしていたという。

蓬生《よもぎふ》

春から夏にかけて、夕方になると私は一束のよもぎを摘んで湯舟に入れる。風呂の蓋をあけると芳香が立つ。湯はうす緑色である。山から筧《かけひ》をつたってくる水をわかし、よもぎ湯につかる。こんな山里では何でもないことだが、都会ではのぞめないぜい沢だ。

野一面のよもぎ、摘んでも摘んでも摘みきれない。夏の間、このあたりの人は朝露の干《ひ》ぬまに、摘んでおく。げんのしょうこ、十薬《じゅうやく》、おおばこ、くまざさなども一緒に干して、薬湯にする。一年中煎じて飲むと、体中に野草の香りと太陽のぬくもりが浸透する。

大地がゆるんで山野に新緑がもえたつ頃、私は釜一杯のよもぎを炊き、染液をつくる。黄緑色の鮮やかな染液はそのまま染めつくかと思いきや、緑は糸に染まらない。あの緑葉の緑はどこへ消えゆくのか。私が三十年ほど前、はじめて緑葉から染液をとってこの緑こそと思いつめて染めた時、その緑が数分後に消えてしまったのを目のあたりにしたのは、このよもぎだった。なぜ？　最初の疑問が湧いた。それからさまざまの緑葉を染めてみたが、糸に染めついたのは、灰色か淡茶色だった。植物の緑は直接染まらない。その疑問をかかえて植物の生命と色彩のかかわりに思いいたった。緑は生命の色である。瞬時もとどまることがない。この地上にとどまるためには、闇と光の結合が必要である。青と黄をかけ合せて緑を得る。

緑に対する疑問の端緒となったよもぎはまた強い生命力をもっている。艾《もぐさ》は、もえる草、よもぎを乾燥して灸の材料にするところをみると、体に熱をよびさます、いいかえれば生命力をかきたてる薬草である。このあたりでは正月についたよもぎ餅をもう一ど蒸してこねて、納豆をつつみこんで食べる。雪の中の食糧の乏しい時代、よもぎの香立つ、納豆の慈味の加わった餅はどんなに杣人《そまびと》の心身を温めたことだろう。

げんのしょうこ

今はもう高校生になっている孫娘の幼い頃だった。春になって畑には、げんのしょうこ、からすのえんどう、野にんじんにまじって赤いひなげしが咲き、みなで染料になるげんのしょうこを摘んでいた。まだ片言の孫娘が、「おばあちゃん、げんのホーコ」といって摘んできてくれた。するとそれが私には、野草の宝庫のように思えて、「そうよ、ホーコよ、ホーコよ」と孫娘に答えたことをおぼえている。

季節がくれば何もしないのに畑は野草の宝庫になる。私は毎朝のようにそれらを摘んで、炊き出し、野草の色を染める。げんのしょうこは紫がかった灰色であったり、茶がかった灰色であったりする。いずれも柔かい春の温りの色である。葉の茂った根本《ねもと》をにぎって、きゅっとひけば思いがけず豊かな葉をしげらせたげんのしょうこが、草むらからあらわれる。大きな籠に何杯もとれるほど、うちの畑は毎年げんのしょうこの豊作である。

初夏の頃には、ピンク色のかわいい花をつける。葉は緑の先が赤くなって線が美しい。見て好し、飲んで好しの薬草である。飲めばたちどころに効くというので、現の証拠という名がついたと聞く。花の命は随分長くて、夏の終りに伊吹へゆくと、山の中腹に点々と可憐な小花が咲いている。手にとるとげんのしょうこより少し大ぶりの伊吹ふうろ（風露）である。山の汚れない大気の中で凜と咲く五瓣の花は、輝くほどに美しく、白花もうす紅の花もある。やはり伊吹の貴重な薬草の仲間である。そのほか、白山風露、浅間風露など、高原の涼しい風の中に咲く、げんのしょうこのまたの名が、風と露をふくむ優雅な名をもつこともうれしく、私の住んでいる山の中にも咲くので美山風露などと名付けたいと思っている。

秋になれば花は散り、そのあとにとんがり帽子のような実をつける。それを蒴果《さっか》と呼び、芥子粒のような種子を宿すのである。

花みずき

嵯峨の奥の竹茂きところに小さな尼僧庵がある。ある年の五月すぎであったか、うららかな日の午後、そのあたりを散歩していると、柴垣のほそい露地奥のその尼僧庵から、黒衣のふたりの尼僧が、目にしみるような紅色の花みずきの枝をかかげてあらわれた。清潔な白い顔のふたりはまだ若く、何やらうれしげに談笑して、愛宕街道を下ってゆく。平家物語の絵巻でもみるような――と私は目に焼きつけるようにして見送ったのをおぼえている。まだこの嵯峨へ越して間もない頃だったから、二十数年前のことである。

それ以来、紅色の花みずきを庭の片隅に植えたいと願っていた。出入りの植木職にたのんでおいたら、白と紅と二株届けてくれた。わずかの庭にはところ狭しと紅、白梅など植わっているので、その上に紅色はにぎやかすぎると思って、白のみずきを前庭に、紅は道ひとつへだてた畑の一隅に植えることにした。

白のみずきは門の前をとおる人が思わず庭に入りこんで写真をとるほど華やかな、

清々しい空気をあたりに放って、晴天の水浅黄《みずあさぎ》の空に白く浮き立つその姿は、出入りするものの気持を引き立てる。それにひきかえ、畑に植えた紅のみずきは讃める人もないせいか、心なしか侘しげで年毎に花の数が減ってゆく。私もまたいそがしさにかまけて、花の季節に一、二度切り花として下枝を切りにゆくだけで、花は高い梢で天にむかって咲いている。やはり身近に植えればよかったと後悔している。

ちょっと紙細工のような切れ味のよい花のうてなが空中に浮かぶと、あたりの空気が凛としてひきしまる。そんな花みずきが、あの尼僧の胸に抱かれた時、ほんのり紅がさしたのかと今も折々思い出すのである。

彩ものがたり

褪紅の壁飾り　貴婦人と一角獣

パリの街を車が走りぬける時、A先生が「クリュニー」と低くつぶやかれた。私は咄嗟に「一角獣の」といい、先生は「そう」と頷かれた。一瞬のことだった。短い滞在期間はあっという間にすぎ、その日の午後パリを立つという早朝、私は誰にも告げず宿を出た。とおりすがりにちらっと見た、濃い茂みの中の廃墟のようなクリュニー美術館をどうしても訪ねあてたかった。私の泊っていた知人の家は、セーヌ河を隔てたノートルダム寺院の真横にあったから、もし迷子になってもあの尖塔さえ見出せばよいと考えた。見知らぬ街を、ただ漠然とクリュニーをさがして歩くなどという無謀をこころみたのは——人は一生に一どか二どそういう経験をもつのではないかと思われるのだが——少女の頃からの細い微かな糸がずっと続いていて、消えかかりながら思いがけぬ強靭さで自分をそこへ導いてゆくというある種の予感めいたものを抱いていたせいであろう。

私がはじめて一角獣の絵姿をみたのは、白水社の『マルテの手記』の中だったと記憶するが、花園の柵の中に鎖につながれている白い獣の姿だった。リルケはマルテの中で、かなりの細部にわたって「貴婦人と一角獣」のことを語っていて、一人の女性アベローネの名と共に私には忘れ得ぬものであった。例えばそれは誰にも知られずに傷あとをいたわるように、長い歳月抱いていた私にとって、大切な刻印のようなものであった。ところが、パリに立つ前、偶然に読んだ杉本秀太郎氏の『洛中生息』にクリュニー美術館のことが語られていて、私はその文章にひどく魅せられてしまい、クリュニーの沈んだ色調の中に、なかば身を投じているような錯覚すらおぼえたのである。

果してパリに着いてみると、杉本さんの文章の引用そのままに、ノートルダム大寺院は「ムラサキツユクサの染色髄の一片を白い石板に刻みつけたようなあの途方もなく大きな薔薇窓」であり、「軽快なリズムで空をかけのぼってゆく花粉まみれの蜜蜂の触角のようにふるえている尖塔」であった。それらは私の宿っている部屋の目前にみえていて、友人の子息から望遠鏡をかりて、それらの細部をつぶさに眺めた夕暮のノートルダムを、私は決して忘れない。遠い歳月の彼方からやってきて、夕暮の尖塔に結びついた篆刻は、拭っても、拭っても私の中に深く刻まれ、むしろはっきりと浮上してきたのであろう。私の足が故しらずクリュニーに向って歩き出したとしてもさしてふしぎはなかったのかも知れない。それにしても方向オンチの自分がまさか一遍にクリュニーを見つけ出すとは信じられなかった。正しく目にみえない糸にたぐりよせられたとしか思われない。

狭い露地から露地へ、扉を閉ざした店の前を通り抜け、いくつかの街をとおりすぎ、とある広い通りに出た瞬間、深々と大樹の茂った僧院の廃墟のような建物が目に入った。

早朝のクリュニー美術館は扉をかたく閉ざしていた。私は開館の時間まで町をさまよい、いくつかの教会の鐘の音をきき、広場の樹蔭のベンチに腰かけて時をすごした。

再びクリュニーを訪れた私は一部屋一部屋、久しい間たずね求めた人に漸く会える期待に胸をしめつけられる思いで、足を踏み入れた。コプトや時代もしれぬ古裂などは、目がじっと繍《ぬいと》りされでもしたように私をそこに止めたがったが、中でも白い滑らかな羊皮に星占いや百合、牧童などのいる中世の暦であろうか、深く心を奪われ、立去りがたいものであった。

貴族の生活を描いたタピスリーもいくつか見かけたが、私の求める一角獣はどこにも姿を見せず、やがて部屋数は尽きようとしていた。私の思いちがいだったのか、もうここにはいないのか。すべての部屋を見終り、急に足に力がなくなってゆくのが感じられた。落胆は私を地下室へ導いた。崩壊した壁からかすかに光が洩れ、石棺が浮び上った。冷々した気配が無気味に身をつつみ、思わずぞっとして私は階段をかけ上った。ふとみると二階に通ずる道があって、私はいつの間にかまるい光に囲まれた部屋に足を踏み入れていた。そこは地獄から天国へさまよい出たかと思うほどだった。

円形の部屋に六帳のタピスリーはゆるやかに飾られ、茫然とした私をとりまいていた。それは、久しい間夢に描いた一角獣よりはるかに、はるかに麗しい。形容は散っていった。私の肩のあたりから何か影のようなものがすーっと出てゆき、六帳のタピスリーのあたりを、ふわふわ漂っているように感じられた。

中央の少し高くなった手すりによりかかり、私は脱魂したように立ち尽していた。天井がガラス張りのせいか、空全体の光が灯の芯の中にいるようなやわらかい明るさに包まれて、六人の貴婦人や侍女、一角獣、獅子、猿、犬、兎、鳥、千の花々が虚空に遊び、私の中の何かが流れてゆき、共に遊歩しているかのようだった。

全体をつつむ褪紅色にちかい赤の色は室内にこぼれる光を静かに吸い込んで、私の胸の内奥にまでやわらかくひろがってゆき、音楽も、香気も、愛撫も、陶酔も、わが唯一の願いも、すべてこの褪紅の色調に溶けこんでゆく。ブウサックの古城に長い間眠っていて、どのような経路をたどってこの館に移されたものか、あまりに謎に充ちている。貴婦人の面影には没落しつつある貴族の陰翳が早くも影をさし、何と倦怠に充ちていることか。

　＊

一角獣はといえば、

おお、これは現実には存在せぬ獣

ひとびとはそれを知らず

そのさまよう姿、その歩みぶり、その頸、その静かな瞳の輝きを愛した。たしかに存在はしなかった。しかし人はこれを愛したから、純粋の獣が生れた。その透明な空間で、獣はかろやかに首をあげ、そしてほとんど存在する必要すらなかった。人々は穀物で養わず、いつも存在の可能性だけでこれを育てた。可能性こそ、獣に大いに力をあたえ、ために獣の額から角《つの》が生れた。ひとふりの角が。

ひとりの処女《おとめ》のかたわらに、獣はしろじろと寄った。そして銀《しろがね》の鏡の中に、そして処女の中に、まことの存在を得たのだ

リルケ「オルフォイスへのソネット」生野幸吉訳より

これ以上何を語ることがいるだろう。

このタピスリーにまつわるル・ヴィスト家の興亡や変遷をたどることはいつの日にか果すこととして、むしろ我々はこの褪紅色の壁飾りに語られている以外のことを知ってはならないというリルケの言葉を信じよう。我々の抱く憧憬や鑽仰など入りこむ余地もないほど、それは謎にみち、あまりに優雅に今もなお生きつづけているのだから。

＊　タピスリーにはそれぞれ主題がある。視覚、聴覚、触覚、嗅覚、味覚の五感を表し、最後の一帳には「わが唯一の願いに」という文字が天幕にみられる。

縹《はなだ》の縷《る》

あの空の透きとおった水浅黄《みずあさぎ》は、何を反映《うつ》しているのだろう。空の奥に水浅黄の光源でもあるのか、それとも深い井戸でもあって無限に水浅黄を流しているのだろうか。海はその水浅黄を映して、底深い器にため、青藍を深々と湛えている。いずれも水や水蒸気という無色透明のものがあつまって色をなしているのだから、地球上の大半は、色でない色がめぐっていて、本当の色はどこにあるのかと、そんな考えが胸をよぎった。

というのも、今は亡き片野元彦さんが、「藍の生命は涼しさにある」といわれたことを思い出したからで、この言葉ほどとらえどころがなく、これほど藍の本体をいい得て妙な言葉もない。

その「涼しさ」についてかいてみたい。

すこやかに建った藍甕に糸を浸すと、はじめは茶がかった鈍い土色であるが、竹の棒でキリキリと絞り上げ、手をゆるめた瞬間、とりまいている空気がゆるんで糸に吸いこまれる。糸は静かに常態にもどりながら、めざめるばかりの翡翠色に染め上ってゆく。茶色の液体の最後の一滴が落ちて、蟬が殻を脱ぐように、蝶がその美しい羽をひろげるように、翡翠の色が生れるのは神秘である。

と、翡翠色は、「ひい、ふう、みい」と数える間もなく、みるみる消えてゆき、空気にふれた部分から徐々に、縹色に変ってゆく。その間、僅か数秒、その数秒の命が涼しさの本体につながっている。目交《まなかい》にかかったかと思う間もなく幻のように消えてゆく翡翠の色こそ藍を決定し、続いてあらわれる縹色とは表裏一体なのである。即ち、一つの色を彼岸と此岸でみることになる。翡翠色は、あの空や海の領域の色なのだろう。手にとれば、色は無いのである。

そこで縹色は、この世にとどまる色として誕生する。縹は、藍染の出発点であり、中心である。縹の中でも深縹、中縹、次縹、水縹、白縹と微妙な明暗顕漠がかぞえられるが、さらに縹を染め重ねれば、紺、濃紺へと深まってゆき、淡色の方では、藍分のうすくなった甕《かめ》で、浅黄、水浅黄、甕のぞきなどが染められる。濃紺から甕のぞきまで十数段階のグラデーションをかぞえることができる。色名に関して云えば、瑠璃紺、藍納戸、虫襖《むしあお》、比金襖《ひごんあお》、秘色《ひそく》など、文字から来る色彩をたのしみ、その背後にある種の謎めいた世界をも感じさせる我々日本人の色彩感覚は、また青き御衣《おんぞ》、青摺衣、青垣、青蓋車《せいがいしゃ》、翠鳥など藍を一刷毛《ひとはけ》さっと流すことによって、そのものの美化をはかっている。

事実、この藍甕の中から立ち昇る色彩とその世界は、緑までを含めて、かぎりないひろがりをみせてくれる。

もし藍甕におのおのその一生があるとすれば、縹は青年から壮年にかけて、人生の頂点にむかってひたすら生き、それ自体で充実していて、眩いばかりの生命力に充ちている。色、そのもので充実しているから、配色を必要としない。

或る時、経緯一色の縹無地を織っていたら、全く予期しない色の立ち上りを感じ、それが何故か、なまめいて感じられた。もともとなまめくなどという感じが、どういうものかよくわからないのだが、純一に色が一色の世界で生きもののように立ち上ってきたとき、なまめかしく感じられたのである。源氏物語の中に、「春・秋の、はな・もみぢのさかりなるよりも、ただ、そこはかとなうしげれるかげども、なまめかしきに」（あかしの巻）とあるのは、色彩の華やかな春秋の景色より、樹々の茂り合った影が、緑一色に染まるようでなまめかしい感じがするということであるらしく、単一の色がかもし出すなまめかしさは、女子にはみかけない、むしろ男子の凜々しさにつながる色の屹立なのである。

冒頭で私は、何気なく空の水浅黄は何を映しているのかと問い、その水浅黄を映して、海は藍色を湛えているとかいたが、それならば縹色は海と空の間に存在しているのだろうか。縹色の空や海をみたことがない。或いは世界の果てに、砂漠の空や、地中海に存在しているかもしれないが、湿潤の国日本ではそうした空や海はのぞむべくもない。やはり日本では、空と海の間の、地上に、この世にとどまる色としてのみ存在するのではないだろうか。

昨年、私は正倉院展ではじめて、縹の縷をみた。かつて、故深見重助翁から、この縹の縷のことを聞いていた。深見さんは平緒唐組の無形文化財の指定をうけた方で、私はこの方から植物染料の教えを受けていたのだが、その仕事ぶりの徹底した一途な極め方に、私は屢々《しばしば》、山中で仙人に出会ったようなふしぎな深い感銘を受けたものである。ある年、唐組の調査の為、正倉院に入り、たまたま縹の縷が巻いておかれてあるのをみて、白いハンカチでそっと拭いてみたところ、白い布に鮮やかに縹色がうつったという。「千年の間、藍は生きてましたんや」と深見さんは感動の面持で語った。

この縹の縷は、天平勝宝四年、東大寺大仏開眼供養の際、開眼に使われた筆の先に結びつけられ、長さ二百尺に及ぶそれを、聖武天皇、光明皇后をはじめ、文武百官、末は一般民衆までが持って、大仏開眼の供養にあずかったという。

縷とは、細く長くつづく糸のようなものを意味するのだそうで、天平の昔、めざめるほど鮮やかに染められた縹の縷が、千年のながきにわたって我々の中に縷々として生きつづけてきたのではないかと、私にはそう思われるのだった。

繡師《ぬいとりし》の夢

春浅い昨夜の淡雪は、葭《あし》の葉のところどころに消えのこり、うす陽のさす水辺に、幾番《いくつがい》かの水禽《みずどり》が葭の葉がくれにみえつかくれつしている。枯れのこった葭の穂は、紫の巻貝のようにやわらかい小花をあつめてゆらぎ、水禽は、ふざけ合ってでもいるのか、嘴をとがらせて伴侶《つれ》をよぶものや漣《さざなみ》の裳裾をひろげて静かに遊泳するものなど、葭は自由に出入りするそれらの無心の水禽達を見守る母親のように嫋《たお》やかである。

私はそれが衣裳の一部であり、まして一針一針繡《ぬいと》ったものであることなどすっかり忘れて、水禽達とみじかい午後の陽のぬくもりを楽しんでいた。

しかし、ふと我にかえれば、これはまぎれもなく、「水辺雪持葭遊禽模様繡箔小袖」といわれる池田家伝来の能装束の一部である。室町時代から桃山初期にかけての一群の繡箔には、気宇の豊かさというのか、自然と人間がしっくり手をとり合っているようなところがあって、ふと繡であることを忘れさせる。それは全く恩寵とでもよびたいほどのもので、或時、人はほんのひとかたまりの空間に熟成した智慧をあたえられて、自然にすらみられない豊潤な美を創り出すことがある。

人間が自然にこれほど近づき、同和力をもつことが出来るものか、永生の命を注ぎこむことが出来るものか、私は先程、この能装束を間近に心ゆくまで見る機会を得て、沁々そう感じたのである。

時代や社会的背景その他諸々の条件の違いはあろうし、現代に求めることの不可能は承知しているが、どんな人々が、どんな状況でこれらの仕事をしたのかと、水源は枯れかかっていると知っていても、たどらずにはいられない。

平糸はゆったりと繡られ、水禽など剽軽《ひょうきん》なまでにそれぞれの表情があり、繡の中を泳いでいる。羽ばたいている。絹糸は五百年近くを生きつづけて、その光沢を失わず、葭の葉を大胆に緑と黄に繡分け、穂の渋い紫や、紅のぼかしが地の銀摺箔に溶けあって、隙間もなく繡つめられていながらいささかの息苦しさも感じさせない。むしろのびやかな糸のうねりさえ感じられる。大まかに描いた下絵より、繡られた部分の方がさらに生き生きしているという。そんなことがあり得るのだろうか。技術は心情に従い、心情を生かすためにのみ技術はついてゆくのだろうか。

物をじかに見て、直心に描く、直心に繡る。我々は物をじかに見る前に、本をよみ、展覧会を見、情報を得る。その度にイメージはうすらぎ、物は遠のくのではないか。展覧会が迫っている、イメージをあたためているひまがない。まして薫《くゆ》らせる土壌がない。あの頃は時代がいい、水がいい、糸質がいいと、言訳はいくらでも出来るだろう。しかし今の時代に、輝く色彩と、糸の光沢を望むことが出来ないと断言はできない。

山野にはこの絹糸を染めたと思われる刈安《かりやす》が生い茂り、健やかな繭は、日本の各地で糸に繰られている。人の心が求めて止まぬものは、必ずこの地上に存在する。しかし、人は生活が根底から揺ぐ危険を冒してまで、その淵に近づこうとはしない。

かくいう私もその一人で、何どか小さい冒険はこころみる。例えば、繭から糸をひき、何も手を加えないその糸で白い生地を織ってみる。何にするという目的はない。ただ、生れたままの糸を損わずに布にしたいと願う。雪の処女地をさくさく一人踏みしめるような感動を身に感じながらも、果しない行く手に何万回もの孤独な筬音をくりかえし、やがてこのまま行けば餓死してしまうという雑念に悩まされ、理性に追いたてられるようになる。染にしても、織にしても同様で、絶えず小さな挑戦はしてみるが、行く手に立ちふさがる壁は厚く重い。我々個人がどんなに力を尽してもそれは不可能なことだろうか。

あの桃山時代の、目を奪う絢爛豪華な能装束の制作者は一体どういう人々であったのだろう。各大名の中でも、特に能に造詣の深い池田家では、各代の当主が、前述の「水辺雪持葭遊禽模様繡箔小袖」のような格調高い能装束を調製している。この能装束を発注する池田家側の人々が、声曲、舞歌の二曲、老、女、軍の三体、物真似と幽玄等々の能の根本理念に精通していたことは勿論であるが、これを受けて制作する側の京都の職人の中には、よほどの見識ある職能家がいて、それぞれ優れた工人を抱えて、研磨していたにちがいない。

喜多院蔵の、「職人尽図屛風」には、その頃の繡取師、型置師、機織師、纐纈《こうけち》師などの職人の図が克明に描かれている。私はたまたま、博物館などでこの屛風に出会うと、前世の自分がそこにいるように思われて、暫く釘付けにされてしまうことがある。じっと瞳をこらしてみていると、きびきびした工人達の動作やかけ声にまじって、織音や、絹鳴りや、水もとの音まできこえてくる。もし前世での私がこうした工人達の中にまじって働いているとすれば、有職《ゆうそく》唐織の喜多川平朗《へいろう》先生は、空引機《そらびきばた》に坐って烏帽子をかぶった機織師であり、張台の前で糊をおく型置師は芹沢銈介先生であってもふしぎはない。さしずめ私は機の前で糸を繰る小女であろうか。

それだからこそ、体の中に流れる血はさわいで、一脈の水路が今日に通じ、あの潤沢な色の組合せや、糸の輝度や、空間の息づき、そして何よりも自然との同和力が我々の中によみがえり、幽かでもたしかな水脈が自分の中に流れていると信じたいのである。

紫匂ふ

日本の色に関する座談会で、「匂ふ」について論じられたことがあった。いずれも当代を代表する詩人、国文学者の発言である。要約すると、

A「『紅《くれなゐ》にほふ』とか『紫草《むらさき》のにほへる妹を』というのは派手に浮き立つような色のことを『匂ふ』と言ったので、それがいつの間にか嗅覚の匂いになってしまった。」

B「それはむしろ逆ではないか。染料は実際匂うもので、紫草で染めた着物の匂いを視覚に置換えて、色彩感覚としての『匂ふ』に発達したのではないか。」

C「それは考えられることで、語源的にはもちろん色彩感覚だと思うが、紫草の根は染めはじめは強烈に匂うらしい。だから言葉以前の感覚として考えられることではないか。」

B「いまの我々の生活感覚の中にも同じようなことがあって、私は紺絣の着物が好きで、新しい紺絣の匂いがたまらなく良いのだが、だんだん匂いがなくなるにつれて、この紺の色がいいというイメージがはっきりしてくる。だからいい紺色だと言うとき、

もともとはどうも匂いから触発されているところがある。これは日本の染料の基本構造ではないか。」

A「『匂ふ』が嗅覚から来るとは思えない。もっと抽象的なもので、晴れやかにあたりに匂い立つ色彩感なので、『紫草のにほへる妹』の妹があまり匂っちゃ困るよ。(笑)」(大岡信編『日本の色』朝日新聞社刊　座談会「日本の伝統文化と色」)

大体こういう内容である。

私はこれを読んで、自分の仕事に密接な関係があるだけに強い関心をもったが、いずれとも決めかねて、或時、染織をしている友人にこの話をすると、即座に匂いの感覚から来るものだと云う。ところが国文学の方の友は、それは当然色彩感覚から来るものだと云う。万葉の時代、「匂ふ」といえば明らかに色のことで、「丹《に》」は色彩そのものを表わす語、朱の白みを帯びた色だと云う。「にほふ」は、艶《つや》やか、映える、染まる、などをあらわしていて、香、染、黄、薫などを、それぞれ「にほふ」と訓《よ》んでいる。色も赤みを帯びたものにかぎらず、「朝露に染始《にほひそ》めたる秋山」のように、しだいに彩《いろ》づく様子や、「咲きにほふあしびの花」の白くかがやく美しさをも、「にほふ」とよんでいる。

「玉津島磯のうらみの真砂にもにほひてゆかな妹が触れけむ」(万葉集巻九 一七九九)などの、亡くなった愛する妻が触れたであろう真砂は、それ故になつかしく、美しいものとして自分もふれてみたいという思いは、時代を超えて哀切に響いてくる。

このように「匂ふ」に内包される美感のひろがりは、源氏物語、古今集などになるとますます複雑、華麗をきわめ、最も日本的な、感覚そのものを超える広大な美の世界を表わしているのではないかと思われるが、その発端が植物の匂いと深く結ばれているかどうか、到底私などの触れられる問題ではない。ただ、植物を染めている時の実感だけを記したいと思う。

私はここ一ヵ月ほど、三、四日おきに紫根を染めている。紫根はできるだけ新しいものがよいが、現在国内産は入手できないので、内蒙の方から入ってくるものを使っている。盥に紫根を入れ、熱湯を注いでもみ出すのだが、その時染場は匂いでむせかえるようである。それはまさに、連子格子に武者窓の、古い生薬《きぐすり》屋の奥から匂ってくる薬草の匂いであり、根の匂いである。浅紫から、中紫、深紫と次第に深まってゆく紫の精の匂いである。

このところ紫と共に明け暮れしている私にとっては、色と匂いは一体になって身に浸みてくる。椿の灰汁《あく》と紫根の絞り汁との間を行きつもどりつ、十数回と染めかさねてゆく中に、いつしか紫は黒ずむまでに濃く染まり、いよいよ最後の灰汁づけによって、色を定める。即ち、青味の紫は、粋で繊細であるが、どこか不安げであり、赤味がちの紫は情が厚く、野暮にもなれば、格調高い古代紫にもなる。すべてこちら側の微妙な心情の反映である。

色を染め上げてゆく段階で、色と匂いとが一体であるのは、紫根に限らず、紅にしても、梔子《くちなし》、桜、梅、榛《はしばみ》にしても、それぞれ鮮明な個性をもった匂いを発散する。つい先日も、昼間炊《た》き出した冬青《そよご》の染液の匂いが、夜中私の寝室にしのびこんで、一晩中冬青の匂いの中に浸っていた。それは、明朝染るであろう優しい紅色の中に浸っているような気分だった。紺絣の匂いにしても、藍を植えつけて蒅《すくも》（藍の葉をきざんだものを山のように積んで水をかけ、それを八月から十二月ちかくまで何回もくりかえして発酵させたもの）をつくり、麬《ふすま》（小麦の外殻）建《だて》をして、漸く染上るまでの長い工程の間に、次第に発酵する植物の香りが、その間の労苦と共に色の深みとなり、仕立ておろしの紺絣が手や首に藍がついて困っている間は藍の匂いがしていて、幾度か洗う中につかなくなり、それと同時に匂いもなくなっている。たしかにそれは、日本の植物染料の基本構造かもしれない。

紅花なども決してよい匂いとは云えないのに、花瓣の陽の匂いとすえたような匂いが、一挙に酸を加えて発色する時、初霜を雪靴でふむような爽快な感覚が伴うのも、やはり、この匂いと深く結びついていて、私には切りはなせないのである。楢、櫟、橡などの樹皮を炊き出す時には、斧を入れた瞬間に立つ樹々の精の匂いを思う。桜や梅は、杏仁水のような果実の芯の匂いがする。しかし、ひとたび裂となり、着物となって人の体をつつむとき、匂いはほろび、深く染めこんだ紫の根の匂いが消えたとき、深々と底の方から「匂ふ」のである。

かつて私は桜の幹に宿した生命の色をいただくといったことがあるが、すべての植物は固有の匂いを宿し、色と一体になって染上ってくる。その匂いが色によって昇華された時、はじめて晴れやかに匂い立ち、美しい色をこの世にとどめる役を果して消えてゆく。

私は紫根の、もみ出されて白い根ののこるなきがらをみつめて、貝塚のように、植物の葉や皮や根の塚をたてねばならないと思うのである。

藤原の桜　壱

昨年五月、群馬県水上の藤原中学校の女の先生から一通の手紙をもらった。

中学二年生の国語の教科書に大岡信さんの「言葉と力」という文章がのっている。その中で大岡さんは言葉というものの本質が、口先や語彙だけのものではなくて、それを発する人間全体の世界を否応なしに背負ってしまうものだといわれ、それをよりわかりやすく説明するために、「桜の花の咲く前に皮をはいで染めたら、上気したような美しい桜色に染まった。それは桜の花瓣だけが桜色なのではなくて、花の咲く前の桜は幹も枝も全体で色を貯えているからだ」という私の話を引用して、言葉の問題もそれと同じではないかと語っていられる。それを読んだ中学生が大変興味をもって、藤原には山桜が沢山あるから自分達で是非染めてみたい、染め方を教えて下さい、という手紙をよこしたのである。

冬は積雪数メートルに及ぶという山の中の中学で全校生徒三十六名という。そんな山の中の中学が目に浮ぶと私は早速、手紙をかき、染め方と、桜で染めた糸とを送った。

やがて二年生全員十二名から手紙が来た。どの手紙も、「はじめまして、こんにちは」という書出しで、丁寧に手紙の礼をのべ、なかには「ふくみさん」と呼びかけてくれるのもある。

「桜で色が染まるなんてふしぎでたまりません。みんなで山へ桜をきりに行き、男子は木を燃して灰をつくり、女子は皮をむいて染めてみました。藤原は湖や沢や谷や素晴しい自然にとりかこまれていて、もうすぐ水芭蕉が咲き、わらびやぜんまいも出ます。是非一ど来て下さい。首を長くして待っています」等々、私はこんなうれしい手紙をもらったことがない。生徒達もはじめて書いたのだろう、緊張のあまり、はじめから「さて、お話しは変りますが」とかいたり、「お誕生日おしえて下さい。プレゼントを送ります」というのまである。

さて、この三月、思いがけず群馬県立美術館で私の展覧会を開いて下さることになった。当初、まだまだ修業中の身でおこがましいことであるし、見知らぬ土地の群馬県で私の最初の回顧展が開かれることに幾分躊躇していたのだが、ふと藤原中学のことを思い出すや、私は急に活気づいて、この機会に是非藤原中学を訪れたいと手紙を出した。そして二年生全員を美術館にご招待したいと書き添えた。最初に手紙を下さった高野朝子先生から早速返事が来て、生徒達はその日を指折りかぞえて待っています、ということだった。

三月一日美術館の初日、オープニングパーティの終ったあと、私と仕事場の若い人達は、長靴を用意して藤原に向った。その日は猛吹雪で車がとおれるかと館の方々は心配して下さったが、私はかつて経験したことのない清々しい気持で水上の駅に下りた。少し小止みになってはいたが、深い雪におおわれた暗い渓谷や湖を迂回しつつ、車は山路深く登っていった。行きどまりの谷間には、この村に一軒しかないという温泉宿があった。

その夜私達はつり橋をわたって、雪の舞う中を渓谷の露天風呂に入った。氷柱《つらら》の下る岩陰に、そこだけ頭上から湯気のたつ湯泉が滝のように流れ落ちてきて、湯壺はみそぎのように清冽であった。つい先頃までは、かもしか、貂《てん》などいたといい、今でも熊や狸、狐はしょっ中出て来る由、宿では毎朝熊を温泉に入れているという。

翌朝、校長先生の御迎えで私達はまず山に木をきりに出かけた。区長さんは落葉松《からまつ》林の中に槐《えんじゅ》をみつけるや、するすると木にのぼり、斧でパンパンと幹をきり落す手さばきは見事なもので、雪の中に黄色の粉がパッと散る。「こりゃ染まりますよ」と校長先生も興奮ぎみである。桜、みず楢、みずぶさ、もみじなど、数種類の材料が忽ち集った。

学校は小高い丘の上に、小学校と棟つづきで建っていた。私達は早速理科教室を借りて材料を炊き出し、生徒達の授業の終るのを待った。雪は間断なく降り、窓外は白い曇ガラスのようである。「すごい雪ですね」といえば、校長先生は、「いや春の雪です、雪の中に入りません」といわれ、水上の町の花はこぶしですからこぶしを染めて下さい、とこぶしの見事な枝をとってこられた。かたい蕾がみっしりと枝についている。こんなに雪の深い山の中もすでに春は間近く、どの枝も芽吹きの態勢をとっている。思えば何とよい時期に訪れたことか、あちこちで煮立ちはじめた材料から春をさきがける新芽の匂いが理科教室にみちた。こぶしは香油をとるといわれるだけに刺戟性のきつい匂いである。槐からもさかんに匂いが発散される。桜は果芯の香り、それらがいりまじって、樹々の胎内にさまよいこんだようである。授業の終った生徒達が待ちかねたように次々理科教室に入ってくると、一斉に匂いに驚いた様子。

恥じらいと、好奇心と嬉しさにあふれる瞳。雪やけにひかる頬、顔中ほころばせて精一杯の挨拶、私は久しくこんな子供達に出会ったことがない。私は京都から持ってきた糸を生徒達にわたし、一緒に染めはじめた。はじめおずおずと糸を染液に漬けていた生徒も、パッと発色すると急にいきいきとした表情になる。

中学二年生といえば、植物の新芽がようやくふくらむこの頃の季節にたとえられようか、これから人間として、さまざまの体験をする寸前の、春浅い芽吹きの時期の子供達である。その中学生達と植物の熾烈《さかん》な香りにつつまれて糸を染めている。いつの間にか香りは中学生から発散されるようにさえ思われて、爽やかな熱気が理科教室にあふれていた。

藤原の桜　弐

いよいよ桜を染めることになった。

山桜の皮はつやを帯びた木肌の裏に、赤と緑がにじみ出ていて、炊き出してみると、透明な赤茶の液が出た。その液に糸をつけ、灰汁で媒染すると、上気したような桜色が染まるはずである。が、糸をつけた瞬間パッと発色したのは、濃い赤味を帯びた黄色だった。目の前で桜色の染上ることを期待していた生徒達の間に、失望に似た吐息がもれた。

私も信じられない思いだった。生徒達に何と説明してよいか戸惑った。その時、一人の女生徒が、「本当の桜はどんな色ですか」とたずねた。私はとっさに答えた。「これが本当の桜の色です、藤原の桜の色はこれです」と、事実を言う以外なかった。京都の小倉山の桜は、やわらかい桜色だった。雪深い山中でじっと春を待つ藤原の桜は、濃い黄色だった。風雪に耐えた枝は曲り、きけば花の色も濃いという。

京都にかえってすぐ、私はもう一ど嵯峨の桜を染めてみた。かたい蕾をもった古木だったが、先年のような桜色は染まらなかった。雑木の灰汁で媒染したのでうまく発色しなかったかと思い、同じ桜を灰にしてやり直したが、やはり精気ある色は、再び生れなかった。何が原因なのか、桜にきいてみなければわからない。風土や生い立ち、桜の種別、樹齢、採集の時期等々の条件のちがい、更には、染める時の水、温度にひとの心が加ればかぎりもなく、色は微妙に変幻することを知らされた。花の咲く前の桜を染めれば、美しい桜色が出ると、単純にきめていた自分が打ちのめされるようだった。

千の桜には千の色がある。自然のごく一部を垣間みただけの自分が、わかった風に話したり、書いたりしたことを恥しく思った。

　その後、藤原の高野先生と生徒達から手紙が来た。あの日、木の皮や枝を煮つめた香りはまだ理科教室にたちこめていて、厳しい自然の中で全精力をかたむけて芽吹きの準備をしていた植物の生命、香りと色をいただいてしまった自分達は、どうあっても「植物の側の言い分」をきかなければならない。志村さんが「こちら側にそれを受けとめて生かす素地がなければ色は命を失うのです」といった言葉はそのまま教育にもあてはまると若い教師は言う。あの日私に質問した生徒は、藤原の桜が黄色だったということは自然の証明で、木が一生懸命自分を主張していたのだと思う、何でもやってみれば本当のことがわかる、勉強すれば本当のことにぶつかると思うとうれしい、と書いてよこした。

　たしかに、あの日染めた樹々は全身で表明していた。こぶしは淡墨色と淡い茜色で、あの気韻をふくんだ白い花のまわりの空気のように澄んでいた。みず楢は、寡黙な山の住人のようで、使いならされたパイプのような渋い艶の茶と鼠色だった。みずぶさは、こけしの材料にするときいたが、木目のこまかい人形の肌のようなうすいクリーム色だった。もみじの赤い新枝は茶がかった黄と緑がかった鼠色であり、桜は小栗鼠《りす》の毛のようにやわらかい赤黄色と、明るい橙色だった。思いがけなかったのは槐で、蕾をつかうと鮮やかな黄色なのに、樹皮は色をもたなかった。つよい香りの中で、私はふと、樹木の胎内にさまよいこんだような気がしたが、一人の生徒は、家にかえって「染めるとき、すごいにおいがしただよ」と言ったら、「木が寝てるからさ、だからつよいにおいをだすんだ」と父が言ったと書いてよこした。いきなり眠りからさめた樹々がおどろいて懸命に香りと色を発散したのだ。染め終った樹の枝を、温度が高い雪の中に捨てずに、土を掘って埋めてやりたいという生徒もあった。生徒達のそれぞれの反応は、ねむっていた樹々から色が匂い立ってくるようで、私をおどろかせた。

一人の少年は別れる時、まだかたい蕾の蕗《ふき》の薹《とう》をくれた。それは雪の中を掘ってとってきてくれたものだった。小さいが匂いが高く、春のかたまりだった。その少年は次に美術館で出会ったとき、さらにたくさんの、ほんの少しふくらんだ蕗の薹をもってきてくれた。沢や谷をかけまわって、天然記念物の蛙をさがしてくるのもこの少年だということだった。群馬の美術館にみなが来てくれた時、一人一人、山の木をとってきて染めたという小さな布を持って来てくれた。白樺、桃、きはだなども加わり、春がさらに近づいたことを知った。その折、私は京都から糸を持参して、一人に一綛《ひとかせ》ずつ手わたして、染めてもらうことをたのんだ。

私は藤原の色を織りたいと願うようになっていた。それを織って、生徒達におくりたかった。

四月に入って、糸が届いた。

包みをほどいた時、自然はさらにたっぷり色をふくんで、つつましい姿であらわれた。蕗の薹の少年が、かちわたり（道のないところも雪でかたまって歩ける）してとってきてくれた栃、リンゴ、営林署の人にたのんでさがしてもらったみずね桜など、それらの色がひとかたまり、藤原の山中で咲いていたままのまぶしい澄んだ色だった。みずね桜は、三月訪れた時、民話のすぐれた語り部である吉野まごめさんに、「みずね桜はいい色だよ」とおしえられて、一ど染めてみたいと思っていた。やさしく気品の高い桜色であった。

一昨夜、修学旅行に京都を訪れた生徒達に会いにいった。その時一人一人が私にみずね桜の枝をおみやげに手渡してくれた。私は早速、十本の小枝の皮を丁寧にはぎ、染めてみた。それは桜の精そのものだった。淡いけれど内に深く色をたたえ、底の方からかがやき出すようである。雪の藤原を訪れて二カ月、新緑の季節に入ろうとしている頃、私はようやく本当の桜色に出会った気がしている。
みずね桜とは、うわみず桜（上溝桜）の地方名だという。

百合小袖

泉水をめぐって招じられた田畑家の奥座敷にひっそりかけられていた百合小袖をみて、私は思わず「あっ」と思いました。

二十数年前に拝見して以来、ずっと抱きつづけていたイメージとあまりにちがっていたからです。二十数年の歳月が小袖の上を吹き抜けていったというのか、私の側にもそれだけの歳月が流れ去ったのを感じました。小袖は幾まわりか小さく、何とも華奢に感じられました。色もいくらか褪せてきているようでした。それにもかかわらず、小袖はふれれば一滴の露となって消えてゆきそうな風情でした。絹縮地という、今では到底織れそうもない細い細い絹糸をつよく撚《よ》って縮緬のようなたてのしぼを出したうすい地に、裾から藍の暈しで染上げ、腰のあたりはやわらかい黄色、肩一帯はうすみどりで、生れたての蟬の羽のように透けていました。細い茎の先にややうつむきかげんに咲く花は、百合であって百合ではなく、やはりそれは露なのです。たまたま露が花の形を宿しているとしか思われません。白描の葉が一層生地の透明度と百合の心象を誘っているようでした。

私はここ二十数年の間、機会ある毎に随分多くの染織品をみてきました。染織に関する書籍も常に身辺におき、それらを骨肉として仕事をしてきました。しかしまだその頃の私は、何程の染織品もみていませんでした。

たまたま或日、白洲正子さんのお伴をして、田畑家の同じこの奥座敷で次々衣桁にかけられるかずかずの小袖の名品を目のあたりにしたのが、おそらく日本の染織品の凄《すご》さを手にとって拝見する最初だったのではないかと思います。その中で特に強い印象としてのこったのがこの百合小袖（正式には浅黄絹縮地百合模様友禅単衣）でした。

しかし、前にも申しましたように、あまり多くをみていない稚い眼にはただ深くしみとおるような美しさをのこして、それ故に今日まで夢に夢をかさねて、二十数年後に再び出合った次第です。その時、大げさにいえば私の目から鱗が落ちるように、一瞬の間に今日までみた多くの染織品が洗い流されて、百合小袖の一領がそこにありました。歳月が風ならば、吹きすぎたあと、私は自分の「老」をさえ感じたのです。傍で若い写真家が黒い被物《かぶりもの》の中で身を凝らして、いっしんに写真を撮っていました。閉めきった雨戸を少しあけてそこから射す光に障子の桟が裂の奥に仄かに浮ぶような仕組でした。この写真家も百合小袖の美しさに打たれてのことにちがいありません。しかしその眼の熱気と、私のそれとはちがっていたと思います。

遠い昔に別れた恋人が老いて、体も縮まり、色香も褪せて、なお若い時に見透せなかった、ふれなば散りなんとする儚い風情を湛えてそこにあるのでした。

「随分小さい着物だったんですね」と私が思わずそう言えば、田畑さんは、「その頃の女性は華奢だったんですね、袖など今の七分袖くらいで袖口から出る細い手頸の可憐さなどを昔の人は愛《め》でたそうですよ」といわれました。この小袖にしてはいかめしい六つ藤の三つ紋が繡られていましたから、おそらく上臈の御召料であったのでしょう。

菊池契月、小林古径、前田青邨《せいそん》などの画家がこの小袖をこよなく愛され、懇望されたということですが、先代は決して手放そうとはされなかったそうです。

このように優れた日本画家達に愛された百合小袖は、日本人が最も好もしく思う女性の象徴で、そうした女性にこそこの着物を着せて描きたかった画家の心がよく分ります。

西欧の豪奢な衣裳や、あのインドの織物さえ、しずまりかえった夕暮の野に揺ぐこの一領の小袖の高い気品には及ばないでしょう。

しかし、なぜか百合は日本の染織品の中にあまり姿をみせないのです。やはり百合は聖書の中の、「野の百合」に如《し》くものはないのでしょうか。小説家の中で夏目漱石はよほど百合が好きだったのか、『それから』の三千代と代助は、友人を裏切り、世間にそむいて、愛の刑と賚《たまもの》を同時に受ける日に、雨が長く、密に物に音をたてて降る中で、白百合の香の中に封じこめられます。漱石は追憶を重層させ、読者を百合の香気に陶酔させずにはおかないほど、この小説の重要な位置に百合の花を散華させています。三千代はとくに漱石の想いをかけた女性なのでしょうか、抑制のきいた筆致の中に、男性が庇護せずにはいられない風情がにじみ出ていて、すきとおる青白い頬、ややかしげた細い首すじなど、やはり漱石の胸の中では百合とうちかさなっていたように思われます。

『夢十夜』の中では、さらに百合の精に転生した女の話になります。静かな声で、「もう死にます」という女は、長い髪を枕にしいて、輪郭の柔らかな瓜実顔をその中に横たえ、まっ黒な深い眸の奥で「百年待ってゐて下さい」といって死んでしまいます。男はその言葉を信じて、かぞえきれないほど日が沈むのを墓の前に坐ってみていました。「すると石の下から斜《はす》に自分の方へ向いて青い茎が伸びて来た。見る間に長くなつて丁度自分の胸のあたりまで来て留まつた。と思ふと、すらりと揺ぐ茎の頂に、心持首を傾けていた細長い一輪の蕾が、ふつくらと瓣《はなびら》を開いた。真白な百合が鼻の先で骨に徹《こた》える程匂つた。そこへ遥の上から、ぽたりと露が落ちたので、花は自分の重みでふらふらと動いた。自分は首を前へ出して冷たい露の滴る、白い花瓣《はなびら》に接吻した」漱石はとうとう女を百合に化生させてしまいましたが、私にとっても江戸時代に生きた上臈がここに化生したように思われるのでした。雨戸をしめきった奥座敷には、泉水の音にまじって雨のざあざあいう音がきこえていました。

清凉寺の羅

嵯峨の釈迦堂と我々が親しく呼びならわしている清凉寺は、平安朝以来の名刹で、御本尊の釈迦牟尼仏は印度様式の我国では珍しい仏像である。私は仏事などの折、しばしばこの尊像を拝し、おのずと合掌し祈らずにはいられない畏敬の念を抱くのであるが、どうしてこの仏像が釈迦堂に安置されるようになったのかと釈迦堂縁起などをよむうちに、一人の学僧の悲願によって宋より将来されたという長い物語に深く心を揺り動かされた。今その始終を詳しく紹介する紙数をもたないが、仏像の胎内に千年余り眠っていた多くの納入品の中に様々の裂で縫った五臓六腑と共に、無数の羅の残欠が発見されたことについて、少し書いてみたいと思う。

昭和二十八年夏、当時の清凉寺住職塚本善隆師の述懐によれば、たまたまその日他の仏像の修理を終えた仏師に、「釈迦尊像の方もこの機会にあらためてはいかがでしょう」といわれるままに、仏像を壇より下ろし、慎重に調べてゆく中、背面に長方形の刳込《くりこみ》があり、今にもはずれそうになっている。そっとはずしてみると、チャリンと音がして数枚の古銭がこぼれ落ちた。「おや」と思って内部をのぞいてみると、ぎっしり納入品が充満しているではないか、懐中電灯の光の中に紫、朱、藍などの色と共にキラキラ光る雲母《うんも》かガラスの破片のようなものにまじって経文らしい文字が読みとれた時、塚本師の心は一瞬厳粛の気に引緊ったという。事が重大であるだけに日を改め、専門家による本格的な調査が行われた結果、まず東大寺学僧奝然《ちょうねん》と、その仏弟子義蔵との間にとりかわされた現当二世結縁状があらわれた。これは二人の学僧が、愛宕山に五台山清凉寺という一大伽藍を建立し、釈迦の教を興隆しようという生死をかけた誓いを立て、その誓紙をお互いに肌身離さず持っていることにしようという立誓文であった。

中国の五台山清凉寺に詣で、この国の仏教の神髄にふれたいと念願していた奝然は、幾多の反対をうけながら、この結縁状を交してより十年の歳月を経て、漸く入宋を許されたのである。奝然の至誠求道の志に感銘された宋の太宗皇帝に、思いがけぬ優遇をうけ、太宗秘蔵の、釈迦尊像の拝顔を許された。奝然は一目みるなり、尊像の高い霊気に打たれ、この仏像こそ、何としても日本に持ち帰り清凉寺の本尊に迎えたいとその模刻の勅許を得て、幾多の障害を乗り越えて日本に将来することができたのである。

前述の胎内納入品の数々は恐らく奝然が仏像完成の折、自身は海の藻屑となっても、この尊像だけは無事故国の土を踏み、清凉寺の本尊として、世々衆生の済度を、と真心から念じて、結縁状や、渡宋の際母が、今生の別れに奝然の出生日と臍の緒を我身の形見にと渡したもの、後々清凉寺建立に必ず役立つと思われるもの等々奝然の命と心血を注いだすべてのものを胎内に納入し、その誠心に打たれた寺内の僧侶、尼僧、主婦、幼子の母親までが、様々のものを寄進したのではあるまいか。

納入品の中には、奝然が入宋以来の巡礼記、瑞像造立記等、宋滞在中の詳細な記述をはじめ、紙本墨書の経文、銅鏡、玻璃《はり》容器、雲母幡、水晶珠、五臓六腑、羅残欠等、これらのすべては国宝に指定されている。

奝然が納入封印後、約一千年、これらの納入品は胎内で静かに眠り続けていたわけである。しかし奝然が三度生きかえっても必ず成就しようと誓った清凉寺建立も、時の権力は移り、延暦寺派の反対に出会い、遂に果すことが出来ず、弟子の盛算《じょうさん》が漸く愛宕山山麓に現在の清凉寺を建立、釈迦尊像を本尊として今日に至っている。

さて、話をもう一度納入品の発見の日の塚本師の述懐にもどしてみよう。思いがけぬ納入品の出現に居合せた人々は好奇と驚異の眼を光らせて、一つ一つ丁重に取り出していたのであるが、胸部に白い帯のようなものでつり下げられた絹の網につつまれた精巧な明鏡があたかも仏像の心魂を象徴するようにあらわれた時、さらに、胎内のその位置と思われる箇所に五臓六腑が納められ、「この度この仏様が日本にお渡りになりますが、私共この寺の尼僧、在家の主婦達で、仏様の五臓六腑を縫い上げ胎内に御納めいたします」という願文を添えて、白絹の胃、赤色の心臓には玉が包まれ、肝臓、紫の腎臓にはそれぞれ香が、紺色の胆には舎利、紅色の肺には梵書、白地に斑点のある細長い布は腸でその端には錦に包まれた香が入っていたという。その内臓の色と香と思われていたものはすべて漢方の医学上深い関係にあり、それぞれの薬物が包まれていたと、渡辺武博士から後日お聞きしたのであるが、この五臓六腑を目のあたりにした時ほど、厳粛の気に一同が打たれたことはなかったという。塚本師はその時、この仏像こそ正しく生身の釈迦尊像であり、胎内納入の小さな布の片々に至るまで、宋代庶民の篤い信仰と、奝然の誠志が充満し、何か深い神意にふれた思いであったと話された。その後私は今は亡き塚本師のご好意で、胎内の空間を筋肉か神経のように埋めてあった羅の残欠を目近に拝見する機会を得た。今まさに風化しようとする寸前の透明な蟬の羽とも、罌粟《けし》の花びらとも、天女の比礼《ひれ》とも形容しがたい微かな存在が、私には千古の宋代に魂が誘われるかと思われるほど、深い美しさを湛えているように思われた。

黄、朱、藍、緑とそのいずれの一色をとっても色の根源を示し、掌にのせてふっと吹けば忽ち霧散してしまいそうな羅の小片にこれほどの勁い、激しい迫力があって私の身を貫くような感動があるのは、恐らくこの尊像の由来や、奝然上人の生死をかけた志ならずに終った生涯に心打たれてのことではあろうが、やはり千年の昔、人々の手でつくり出された羅の精微を尽した織物の質の高さと、また植物で染められた一色一色が厳としてその存在を光芒のように放っていることに基因しているのであろう。

沖縄の織物

水子さん

この春、奥津の宿で、あなたが織ってこられた小裂を前にして、縞について語り明した時、あなたが是非織ってみたいといわれた朱の裂、今日おたよりと共にいただきました。朱の地に紫の縞、両わきに萌黄と金茶、それに杢糸《もくいと》が添えてあるのが何とも雅びで、私は奈良の寺の廻廊の奥に咲いていた藤の花房を思い出しました。

元来、縞は単純の美を本命として、それ故に粋なものとされていますが、私もかねがね、縞の最高は、地と縞の色の二色をもって尽きるとさえ思っているのです。古来多色をもって成功した例は稀ですが、それでもときには、複雑で、繊細で、朦朧とした縞があってもいいではありませんか。

先日、智恩院である方の葬儀が行われました際、仄暗い本堂から、新緑のはえる長い廻廊をめぐって、阿弥陀堂にすすむ導師の列をみたのです。先頭に朱と緑の玉虫色の紗の衣の僧侶三人、つづいて、萌黄、紫、中央に緋衣の長老、そのあと紫、萌黄、玉虫と十数人の僧侶が紗の衣をひるがえして、楽の中をすすんでこられました。それは仏教の荘厳《しょうごん》の中で最も典雅で、洗練された彩色の絵巻のように思われましたが、今日この朱の縞をみていて、あの時の状景を思い出しました。この縞の背後に、あの寺院の荘厳を組入れたものを織り込めないものでしょうか。

縞とは、制約の中で可能な限りの映像《イメージ》の柱を打ち立てることですが、その際、地の色こそ背後の世界の象徴としてゆるがせにできないものと思います。

今日、久々に沖縄の織物の数々をみる機会に恵まれました。その中に琉球王家着用の、濃紺の花倉織の被衣《かずき》がありました。たまたま手にとって透かしてみて驚いたのですが、濃紺だとばかり思っていたその裂は透かしてみると、深海の一部に陽が射しこんだ時のように翡翠色をしていました。

一つの裂の中に平織と、絽織と、花織が見事に均衡を保って配置され、それぞれの部分に光が射すと、異った角度で反射するためか、青緑にゆらぐのです。どんな巧妙な仕組なのか、畳まれてしまうと再びもとの濃紺の裂にもどっているのです。沖縄の島をめぐる海底に作者は幻の敷物をみたのか、一瞬私はそんな気さえしたのですが、実は巧妙な仕組などどこにもなく、織の法則に従ってひたすら技を磨く時、自分でも予期しない力が働いて、このような王家の子女の被衣が生れたのでしょう。

綺羅《きら》という裂がどういうものか私は知りませんが、美々しく飾りたてたものではなく、こうした材質と技とが互いに照応し合って、ある別の次元の世界を垣間みせてくれるものをいうような気がしました。

福木《ふくぎ》や鬱金《うこん》で黄金色に染め上げた地に、朱、緑、茶などのとんでいる首里の絣は、一つとしてゆるがせにできない厳正な配分でありながら、やさしく流れるような諧調があり、これもまた錦と呼ぶにふさわしい風格を備えておりました。これらは王家専属のすぐれた意匠家が、信じがたいほど見事な「御絵図帳」というものを製作し、島々におくって、その島特有の裂を調達させたのです。

いつか私は古い写真でみたのですが、麗しい首里城の白い石垣の下を貴族の女性であろう数人の人々が、燦々とふりそそぐ光の中を、被衣をはおって歩んでゆくのです。

おそらくその女性は、この深い黄金色の絣をまとい、濃紺の花倉織の被衣が陽に透けて、ゆらゆらと翡翠色にかがやく中を歩んでゆかれたのでしょう。

琉球の古謡に「うりづみ、こえにゃ」（織初乞祈）というのがあり、それは、糸とりから、機ごしらえ、織り上げていとし子に着せ、美しい髪が白髪になるまで、御願い、幸に生きよという長い長い機織歌なのですが、その歌のきれめに「ちゅらよう、ちゅらよう」（美しや、美しや）というはやしをいれて、歌いながら織るのだそうです。それはやさしさの中に念ずるような力がこもり、機織が単なる手仕事ではなく、沖縄の人々にとっては魂をつつむ容器として心霊のこもるものだったのです。すべてのものに神霊が宿るというアニミズムがこの国に古くから伝わり、今日に至っていますが、神を畏れ、ささげものとして自然の恵みを感謝する真心がその奥底に流れているため、どんなものをつくってもあやまたず、心が素直に開かれているために中国、日本、南方諸国の交易によってもたらされた文化を、この国の風土と生活に融和させて吸収し、独自の、世界にも類をみない、多様で豊潤、可憐な織物を創造することができたのだと思います。

とくに私が驚嘆するのは、『おもろさうし』の中の、

天なる三日月は、御神の金真弓《かなまゆみ》、
天なる明星は、御神の金細射《かなままき》、
天なる群星は、御神の花櫛《はなかざし》、
天なる横雲は、御神の白布帯《ぬのおび》

という神歌にあるように、壮大な天体の神秘を身近に感じていた古代の琉球人が、「ヌチ・グムー」（横雲）「フシ・グァー」（星のかた）といわれる天の紋様を絣に映しとったことです。横雲は、あやぐも、こがね、しろがねのくもとなって裂の中に悠々と浮び、星のかたは、一つ星、三つ星、群星、小星となって濃紺の夜空に絣となって永遠にきらめいたのです。併しこのように比類なく美しい織物をうんだ琉球列島も、屢々苛酷な試練に見舞われ、苦難の時代がつづきました。幸にも戦前、柳宗悦先生方が沖縄を訪れた時、優れた染織品の多くを持帰り、民芸館におさめられ、あの戦乱をまぬがれました。

その折、私の母が縁あって読谷山《よみたんざ》の花織をわけていただき、のち私がゆずりうけました。紺地と赤と黄の花織に、大様な絣の緩急がまことに快く配置され、裏には黄の紅型《びんがた》のついている踊衣裳でした。

魔性の赤

蘇芳《すおう》は古代染料として、正倉院御物の中にあり、「和名抄」「延喜式」などにその名をみることができる。印度、ビルマ、マレー諸島等の南方に産出し、我国は随分古くから中国をとおして輸入していたようである。

染色には蘇芳の芯材を用いる。芯材をうすくひいて炊き出した液で染めるのだが、蘇芳そのものの原液は赤味のある黄色である。この液の中に明礬《みょうばん》などで媒染した糸をつけると、鮮烈な赤が染まる。

蘇芳の芯材が内包する赤の深度は、ほとんど異界に通じるほどの深みに達していて、純一無垢でありながら、赤の両極が同時に内在し、私はそこに聖なる赤と、魔性の赤を同時に垣間みる気がするのである。

深蘇芳《こきすおう》にまで染め重ねた裂を掌にのせると、清艶というのか、きよらかなあでやかさでありながら、その周囲には炎のような熱気が立ちこめて、妖しいまでの美しさに酔うようである。それは赤、そして女という深く重い存在そのものである。

十八歳の時、私ははじめて自分の両親、兄妹を知った。はじめて知る肉親の温《ぬく》もりの中で私は極度に緊張し、昂揚していたのであろう。その折の日記になぜか、「本当の赤はこの世にない」と記している。自分の中に噴き上げてくる思いを凝集して、稚い胸にあふれた赤は、あまりに無垢で美しすぎ、この世にはない赤だった。

その時期を境に、急激な変転によってもたらされた数寄ともいえる運命の糸は、私の内部を変革し、幾多の曲折を経て、現在の仕事へと導いた。

無一物の上に何の技術も持たなかったから、ただ織物にしがみつく以外なかったが、唯一つの救いは、すべての苦渋を忘れさせるほどこの仕事に没頭させられたことであった。

はじめて蘇芳を入手したのもその頃だった。純白な糸が瞬時に鮮烈な赤に染め上り、回をます毎に、こくと輝きが加わって、体ごと蘇芳に染めこまれてゆくような感動を今も忘れない。当時はまだ貴重な染料であったが、私は思い切り多く使った。母が、これ以上の赤はないというほどの赤を染めてみようといい、何回となく蘇芳を炊き出してくりかえしくりかえし染めた。庭に真紅の糸を干し上げると、二人の目はそこに吸いよせられ、知らぬ間に糸の傍に立っていた。その糸で帯を織った。赤はあまりに純粋で、私をはねつけた。どんな配色もよせつけず、私は赤と格闘しているようだった。白、黒、金銀という極限の色しか赤は受入れようとしなかったが、未熟な私にその力量はなく、私は赤に圧倒され、寝込んでしまった。その時、私はふと純潔な赤を一色《ひといろ》よごしてみようと思いついた。楊梅《やまもも》の渋い黄茶をかけてみることにした。それは冒険だったが私はどうしても赤を汚してみたかった。

渋い黄色のかかった赤はやや暗く、しっとり落着いて、何か苦労した女の人をみるようだった。娘から人妻に、いい知れぬ苦を背負っている色だった。

無垢で、純粋な赤はもう私のものではなかった。はじめて赤は、他の色を抱く場をもった。茶も緑もこころよく赤に溶けこみ、母が子を抱くように、他の色と和するやすらぎと、優しさが生れた。

蘇芳の芯材から生じる赤は、女の芯の色だ。私が何よりも蘇芳の魔性を感じるのは、女が生涯に幾度も変貌するように、蘇芳もまた、媒染によって様々の色に変化することである。鉄、灰汁、石灰等によって、紫、えんじ、海老茶、葡萄色など、いずれも年をかさね、女の年輪の深さを思わせる色でありながら、真紅から渋い紫まで、女そのものの芯が一すじ貫かれているように思われる。

どんなに年老いた女性でも、蘇芳で染めた着物を身にまとった日は、骨の髄まで女になりきるだろう。

私の個展の際、ある女性同士の間で蘇芳で染めた着物をとりあいになった。互いにガンとして譲らず、一人の婦人は私は御棺の中までこの着物を持ってゆくつもりだといって、私につよく迫った。その時も蘇芳の魔性を感じた。ある作家に私は蘇芳の話をしたことがある。作家は小説の中に蘇芳の赤を描き、男女の愛欲の場のみにそれを使った。私は自分の蘇芳が傷つき、屈辱をうけたような気がした。私が語ったのは似て非なるものである。蘇芳が女の芯の色であり、魔性だということは、十八歳の日記に記した如く、「本当の赤はこの世にない」という純粋無垢な赤がその背後に存在するのであり、赤が純粋な発生でなければ、魔性もないのである。

現実に何かが起り、ガラスのかけらほどの不純物があれば赤は消え、花は散ってしまう、ガラスが赤い火の玉になっている時はわからないが、その冷却期間に塵のようなかすかな不純物があるとわれてしまうのに似ている。

実が虚となり、虚が実となって生き続ける世界に蘇芳の赤は存在することを、蘇芳とつき合いはじめて二十数年、ようやく私はおぼろげながら知らされている。私が実を捨て虚を求めた時に、色は少しだけ私の方を向き、そこに迷いが生ずれば忽ち消えてゆくことを痛いほど実感した。それと同時に、現実には何も起らなくても、それ故に、根の深い、生死を超えるものもあり得ると知らされた。

昔、母が「真実一路の旅なれど　真実、鈴ふり、思い出す」という言葉は女の生涯そのものだと語ったことがあるが、ふりかえってみれば、鈴振り思い出す赤でありたいと思うのである。蘇芳が様々の媒染によって変化するということは、実は非常に危うい染料ということになる。常に生きていて、他者の呼びかけがあればすぐ変色するということであるから、私は何どかその難点に接して、蘇芳はつくづく怖ろしいと思うのだが、またしてもその魔力にひきずりこまれて、蘇芳の染色に熱中するのである。

野の果て

今月は兄（小野元衞）のことをかくことにきめていたので、遺された日記など読むうち、当時の記憶がよみがえり、筆がすすまない。

亡くなってから既に二十数年の歳月がたっている。二十九歳の短い生涯だった。終戦の翌年、日本も満身創痍のただ中であった。生来病弱で亡くなるまでの数年間は病苦に悩まされ続けたが、その合間を縫うように絵筆をとっていた。大作にとりかかる体力のないまま、スケッチブックやノート、反古など手あたり次第にかきつけ、亡くなってから葛籠《つづら》一杯の反古をあやうく風呂の炊きものにするところだったが、友人に忠告されて、後に私が一枚一枚整理していった。

近江の風景、仏画、教会などいずれも本格的に描くための下準備のものだったが、切れ切れながら、兄が表現したかった精神の断面がうかがえる。中学を出た頃、はじめて描いた仏像は自分で童顔如来と名付け、童子の如来が貝を抱いて雲に乗っている。三尊仏もあれば飛天もあり、ホイットマンの詩の中に童子と小鳥達が空に遊んでいるものもあった。いずれもこの世の苦をしらぬあどけない顔である。その頃の家庭は平和そのもので、一家は愚かしいほどの善人揃いだったから、みんなそんな顔をして暮していたのだろう。しかし、一たび嵐に見舞われると、忽ち傷つき倒れる弱者達でもあったから、姉の不運、弟の死などに会うと、童顔は消えてしまった。「この世に厳とした悪の存在と、それに打ち勝つことのできない弱者の罪障を知った自分はもう童顔は描けない」と記している。晩年の仏像はつきつめたけわしい表情になり、「私は人間臭い、みにくい顔しか描けなくなってしまった。そんな自分が仏画を描くのは冒瀆のかぎりであるが、どうしてか描かずにはいられない」といっていた。手塚一夫、長谷川利行、村山槐多などの画家が好きで、鋭く傷つきやすいものに烈しく心をひかれ、その反対のものを憎んだから、家人とはしばしば折合わず、孤立の状態になることが多かった。

私は十八の年まで兄を知らなかったが、その年まで全く暗黒であった芸術の扉をひらいてくれたのが兄だったせいか、何の因縁によるのかわからないが、そういう兄を理屈なく、全面的に理解してしまった。

上下もわからない朱を塗りつぶしたような絵も私にはかけがえのないものだった。何の力もない自分が、兄の仕事を守り育ててゆきたいという願いは意外と強固で、それもまた家人を驚かせ、困惑させていたのであるが、私が世間の桎梏《しっこく》をふりすて、病床の兄の下にあって、一年という歳月を、敗戦の荒廃のうちつづく中で、それとは無縁のように、室中《へや》に仏画全集をちらかしながら、芸術と死と真向になって生きていた兄と暮したことが、私の人生の一つの頂点であったような気がする。後年、私がこうした仕事をするとは夢にも思わなかった兄が、諄々と、今にして思えば執拗なほど、芸の厳しさを語り、その世界を目前にしてたどりつけない無念を語り、自己の弱さに苦しむ姿をみせつけられた。未だに私は兄の目が鋭く光り、私の怠慢を戒めているような気がする時がある。もし美の基準のようなものがあるとすれば、私にとって、それは画業なかばにして倒れた兄の妥協を許さぬ眼がじっと私を見すえているとき、私の心が痛むのでおのずとはかっているような気がする。一年はまたたく間にすぎ、朝あけに白い蓮が開き、紅蜀葵《こうしょくき》が丈高く咲く夏の朝、兄はあわただしく幽明境を異にしてしまった。思い出はしかし、そんなに暗いものばかりではなかった。兄が文化学院の画学生であった頃、私も同じ学内の女学部にいて、兄や兄の友人達とよく展覧会や音楽会に出かけたものだった。とくに映画は我々に欠かせないもので、「商船テナシチー」「ル・ミリオン」「にんじん」「女だけの都」「たそがれの維納《ウィーン》」など数えきれない名画を堪能した。それらは我々の青春に深くかかわり、最後の光芒のように思われるのは、その直後文化学院は閉鎖され、時代はひたすら破局にむかって進んでいたからかも知れない。兄はその頃の日記に、「私の朱《バーミリオン》の絵の時代はすぎた。朱の色の美しさはあやしく燃える青春の美しさだ。この頃やっと新しい素晴しい色をみつけた。

青の驚くほど美しい絵を描きたい。古九谷、乾山、宗達の伝統を汲む色であり、古扇面、絵巻の色である。そしてこのあたり一帯の民家の土壁のあの暖かいオークルジョン、私のこれから使いたい色はこの二つだ」と記している。北に湖を抱く近江盆地はゆるやかな緑の丘陵と、白鷺の舞う水田をひかえ、点在する民家は清涼として美しい。その丘陵と民家を描いた小さな絵がある。兄のいう青とオークルジョンの試作であるが、それは絵というより兄の魂がやすらうところという気がする。その頃、「野の果て」という童話を私がかき、兄がそれを飾った。

「誰もめつたに訪ねてくれない遠い山奥の、暗い谿間の岩陰に一輪の可憐な小花が咲いてゐました。なぜこんな場所に咲くやうになつたかは、何か因縁に依ることでありませうが、併し花である限りは、自然がこの世を美しくしようとする志の現れであると云へませう。只悲しいことには、この小花は蕾が漸くふくらんで、将に開きかけようとした時、無常の雨風にたゝかれて、その短かい生涯を閉ぢて了ひました。併し之も何かの宿縁に依るのでせうか、人里離れたその谿間に、たまたま足を運んで、ふとその小花に眼を止めた幾許かの人達がゐました。そして散つてゐる花瓣を拾つて、その色の美しさや、香のゆかしさに心を惹かれた者達がゐました。みると幾枚かのその散華《ちりばな》の一つに、『野の果てに小さな家がありました』と記してあります。之は画家自らの言葉なのかどうか知りませんが、何かを求め尋ねて、野山の巣に淋しく建つ一軒の家を見つけ、疲れた心や躰を、そこにしばし休めたこの画家の一生が、よくそこに暗示されてゐるやうに思はれます」

これは後年はからずも兄の絵をみて柳宗悦先生が送って下さった文章の一節である。

湖上夕照

まだ近江に住んでいた頃、友人の古澤万千子さんがたずねてこられ、二人で安土城趾にのぼったことがあった。

人ひとりいない森閑とした城趾の石畳をのぼってゆくと、春はとうに湖の奥ににげてしまっているのに、石の間からすみれがにじむように咲いていた。八角平までのぼりつめると、遥かに近江盆地がひろがり、樹間から湖水が光ってみえた。石垣に腰を下して、何時間語り合っていただろう。

古澤さんは染の仕事をしている方なのだが、型絵、絞り、手描きを自在に生かして、艶冶な美の世界を創り出す。こうした場所で久々に語り合う時、各々の仕事に没頭してきた余韻なのか、お互いの染と織の境界線にいくつかの色を刷きながら、綿の木が白いわたをふくように、言葉が、常には思いつかない造語までとび出して、二人のまわりには、いつのまにか現実から遊離したその時かぎりの妖しい景色が組立てられてゆくのも、古澤さんという相手を得てのことではあるが、そういう時に語られた幾分幻想めいた話が、後刻二人の仕事にほんの少し姿をみせることもあった。

「そろそろ下界にもどらなくては」とさすがにどちらからともなくいい出して立上ると、あたりにただならぬ気配がして、思わず背筋に戦慄が走った。石垣のむこうに武者の影をみたように思った。石垣の上の暮れなずむ空や、蓬々《ほうほう》と茂った叢は、時間がとまったように不気味なほど静かであるが、石垣だけは生きていて、今、たしかに一人の武者が吸いこまれていったようだった。

華麗を極めた障壁画に飾られた安土城が落成した直後、炎上し虚空に消えたその後の歳月を、石垣だけは風雪にさらされて生きてきた。我々の目にはみえないが、石垣をめぐる彼方で、多くの武者が時折武具をならしながらうごめいているように思われて、二人は物も云えず、ひたすら石段をかけ下り、湖までの道を一気に下った。その間に古澤さんは、歯の根がカタカタなって、鷺が一羽、大きな銀紙のように羽根も動かさず落ちてくるのを見たという。私は湖岸に、黒い斑点のある赤い罌粟畑をみた。湖は暮色であったにちがいないが記憶にない。

古澤さんは後に、縹地に紙のように白い鳥が一面に羽と羽をからみ合せて飛んでゆく絞りの着物をつくっている。

私が赤い罌粟畑をみたそのあたりも湖に面して古い石垣を積み上げていて、いつだったか、そこから和舟を出してもらって、葦《あし》の間を縫うようにして舟遊びしたかえり、ふと後をふりむくと、湖全体に夕陽が映え、細波が黄金色にきらめいていた。山の端に入日するほんの数刻、湖は燃えるように茜色に染っていた。その印象を後に、濃紺地に、朱や茶、金茶などを織りこんで、「湖上夕照」という着物を織った。

琵琶湖は私にとって、父や兄達の終焉の地でもあり、若かった自分が傷つき、世間に背をむけてたどりついた水辺であり、仕事に打ち込むことによって蘇った場所でもあった。湖は京都の影にあって、ひっそり歴史をうつしてきた古い鏡のように思われ、私は四季折々に移りかわる微妙な湖の表情を織物にあらわしてみたいと、久しい間願ってきた。先年の豪雪のあった年、雪の湖をみたいと思い、湖西を今津から永原の方までいってみた。雪が一駅をすぎる毎に、ずん、ずんと音をたてて深くなり、湖水の色も変っていった。今津をすぎる頃から鈍い鼠色が抜けてゆき、枯葦のかなたにみえる湖は、深く澄んだ藍の壺であった。枯れるだけのものはすべて枯れ尽した白一色の中に、葦だけは金箔をひきめぐらしたように左右から迫り、ふりしきる雪の中で、藍と茶は互いに照応し合っていた。湖の藍の精が、枯葦の金茶を萌えたたせるのか、それらは雪の寒気のなせるわざなのか、緊迫した障壁画をみるようである。終着駅の永原に着く頃、湖は再び色を変えた。不気味な深度をもった鋼鉄の板のように湖面ははりめぐらされ、もう人をよせつける気配もない。白と黒の線を無数にひっかいた銅版画のような山が、山裾にひとかたまり、雪をかぶった村落をいだいている。物哀しい怪物にいだかれて、村落は凍えているようである。菅浦は北岸のゆきどまりの在所だが道は雪で閉ざされ、むこう岸の胸のいたくなるような厳しい冬を湖はくっきり映し出していた。

「雪の湖」「湖北残雪」は、その時刻まれた印象を織にしたものである。

湖の西は朝陽が美しく、東は残照が美しい。冬に入る前の晴れた日が、そのまま夕照に移ってゆくのを追って、数日前の午後、東に向った。近江八幡の町を北につきぬけて湖岸にでる手前を干拓の方によぎると、蓬々と人影も没するほどの葦と薄ケ原がつづいていて、さながら雨月物語の世界である。葦はわずかの緑をのこして、茶紫の穂をなびかせ、銀色の尾花とうちかさなり、つよい風にもまれながら、遠い堤防のはしまで揺れ動いている。そのむこうに落穂をやいているのか、うす青い煙が北へ北へ流れてゆく。

葦の間をかきわけて湖岸にたつと、金色にふちどられた紫の雲の下に、ほんの少し落日が姿をみせていた。山の端とのあわいの空は黄金と茜に輝き、日没までの寸刻の荘厳を奏でていた。湖の中ほどにとりのこされた中洲にも葦は茂っていて、その淵をめぐって細波が、きら、きら、さら、きら、かぎりもなくうちよせてくる。足もとで消える波は、そのままの余韻を、この上もなくやさしく、私の胸の奥まで、ひた、ひたとうちよせる。風の道か、時折細波が波紋の帯になって湖面をすべってゆき、鳰《にお》の番《つがい》がつかずはなれず、金色の水浴をたのしんでいる。

葦切《よしきり》が葦の間に没したかと思うと、数羽になって飛び立っていった。気がつくと山の端に夕陽《ひ》は沈んでいた。空は真紅に燃え、光の消えた湖面に紫の影が刻々迫っていた。

彩暦《いろごよみ》

莟紅梅《つぼみこうばい》

毎年暮れから新年にかけて、梅林をもつ友人から剪定した梅の枝をトラック一杯いただく。いつも粉雪の舞い散るような寒い日であるが、私達はそんなに大量に梅の枝をいただくことに喜びが一杯で、早速、枝を折って釜に入れて、炊き出すもの、納屋に運び入れるもの、積み上げて燃やし、灰をとって梅の灰汁をつくるものと、皆、それぞれの作業に没頭する。そんな時ふと枝を手折っていて、幹が真紅なのに気付き「おや」と思ってよくみると、真紅の梅がかたい引きしまった姿で、びっしり枝にくっついている。

もう一カ月もすれば花開く紅梅なのである。温かい室内に活ければ、日ならずしてほころびるかのようである。

しかし、莟が花となって、花瓣《かべん》がほころびた時、色は花へ移行し、彼岸《ひがん》の世界へ去ってしまうのである。色は花の咲く前でなければ、此岸には留まらないのである。紅梅のうす紅色は幹に宿り、花の咲く前に私はその色をいただくのである。いわば、色盗人といおうか。

紅縮緬に綿をつめて、きゅっと縫いちぢめたような可憐な幾千の莟を釜に入れて炊き出すことは忍びないことである。

しかし、私の手に入った以上は、貴重な染料なのである。梅から色をいただく。莟紅梅の命をいただく。

私は心にそういいきかせながら、釜に火をつける。やがて釜の湯は沸騰して、透明な琥珀色の波を匂い立たせ、梅の液はまっ白な糸に吸い込まれてゆく。

ほとんどすべての植物染料がそうであるように、色は媒染液に浸すことによって、はじめて発色し、定着する。

梅は梅の灰汁によって媒染され、やわらかい淡い紅珊瑚のような梅染が生まれるのである。勿論、雑木などによる灰汁でも色は発色し、美しい梅染は染まるにちがいないのであるが、なぜか私は蕾を宿したままの梅の後生を願って、みずからの灰の中で安んじて色を生んでほしいと思うのである。

それを人は、はかない慰めと笑うかも知れない。花の散ったあとの枝をつかっても、充分色は出るというかも知れない。

しかし、生きるもののすべてに、再び還らぬ生というものがあるならば、転生というものもあり得る、と思わずにはいられない。

梅が再び生まれ変って、私の織る着物の中で、匂い立ってほしいと願う。

古来、我々の先祖はすべての草木に霊があると考え、強い木霊《こだま》の宿る草木は薬草として用いられた。薬草に宿る霊能によって、病が癒され、その薬草から色彩《いろ》をとり出して、布に染め、身にまとって保護したのである。それ故、草木から色を染めることは、単なる染色、装飾、としてだけでなく、生きることに直接つながっていた古代人の思想、信仰にも深く関わっていた。

即ち古代人の色彩は外敵、病魔から身を守ると同時に、海山、太陽、大地、風雪等、すべての自然現象を司る神々の御霊を鎮め、祭司など神に奉仕するものとの関連を、草木に宿る色彩に求めたのである。一色《ひといろ》一色の色の持つ意義は深く、それを尊んだものと思われる。いつ頃からこうした思想が稀薄になっていったものであろうか。

現代の人間は、色彩を単に感覚的なものとして捉え、身辺にふんだんに色彩をまき散らしているが、そのこと自体にも、もはや我々は無感覚になっているのではあるまいか。

その昔、華やかな色彩は貴族の専有とされ、庶民は鼠や茶などしか、身につけることができなかった時代もあったであろうし、一つの色を得るために苦難し、狂喜し、どんなにか尊んだ時代もあったであろう。

こうして、私自身も色をあつかう仕事をしながら、全く気付かずにすごした時期があった。ある時期から、ふと、ふしぎな木の声をきくようになった。草木の方からしきりに語りかけてくる言葉に、耳を傾けるようになり、やがて、私自身が、植物界の圏内にすっぽりはまりこんで、その中の使令によって動いていることを否応なく感じさせられる時のあるのに気付くのであった。

正に「植物は物語る」のである。梅が高貴な染料であることは梅から発する、すべての生気、香気を、感応させる力を蔵しているから、梅染の着物に漂う犯しがたい気品によって、私共はそれを納得するのである。

幾千の莟を宿した、紅梅の枝の、せめてその一輪なりとも、私は自分の織物の中に花咲かせたいと願うのである。

樺桜《かばざくら》

「中将の君、まゐり給ひて、ひんがしの渡殿《わたどの》の小障子《こさうじ》の上《かみ》より、妻戸のあきたる隙《ひま》を、なに心もなく、見入れ給へるに、女房の、あまた見ゆれば、たちとまりて、音もせでみる。御屏風も、風のいたく吹きければ、おしたたみ寄せたるに、見とほしあらはなる、廂の御座《おまし》にゐ給へる人、ものにまぎるべくもあらず、気高く、清らに、さと匂ふ心ちして、春のあけぼのの霞の間《ま》より、おもしろきかば桜の咲きみだれたるを見る心地す」

と源氏物語の野分の巻に描かれている。

はげしい嵐のあとの御見舞いに訪れた夕霧の中将が、あけぼのの霞の間から、美しい樺桜の咲きみだれているのをみるように、紫の上を、妻戸のあいたところから、垣間みた一瞬である。

見てはならない御方を――父源氏の君の大切にかしづく人――みたという夕霧の、それ故にあぢきなくなるほど心を奪われた情景が鮮やかである。

はじめてここを読んだ時、紫の上を樺桜にたとえたことが、いかにも印象的であったせいか、植物としての樺桜というより、匂うように咲きみだれている姿を、紫の上そのもののように思ってしまった。

桜は散りぎわを潔しとする花で、濃艶という感じとはほど遠いように思っていたが、この樺桜ばかりは、清らかに、さっと香気が漂ってくる中に、どこか豊麗な美しさを感じさせる。去年も桜の時節には、常照皇寺や、原谷の桜をみにいったが、いずれも樺桜を思わせる花姿には出会わなかった。常照皇寺の御車返《みくるまがえ》しはまだ蕾がかたく、九重桜は、白にちかい鴇《とき》色であまりに可憐、清浄であった。原谷は八重の枝垂桜で、その優美さは、折しも満開の雪柳のたおやかな白と相俟って、友禅の大振袖をみるように絶景といいたいほどであったが、上臈の樺桜とは異質のもののように思われた。桃山期の障壁画などに「ああこれこそ樺桜だ」と思わせるようなものがあるが、花瓣の色がうす紅色に、ぽおっと黄味を帯び、それが紙燭《しそく》の灯に映えているような情趣をかもしだす桜はもうみられなくなってしまったのであろうか。

数年前の浅春、はじめて桜を染めた時の話はよく書いたりしているので、ご存じの方もあると思うが、前回にのせた梅の話と同様に、桜にも染める時期というものがある。

以前に書いた文章をここにかかげると、

「まだ折々粉雪の舞う小倉山の麓で、桜を切っている老人に出会い、枝をいただいて帰りました。早速煮き出して染めてみますと、ほんのりした樺桜のような桜色に染まりました。

その後、桜、桜と思いつめていましたが、桜はなかなか切る人がなく、たまたま九月の台風の頃でしたが、滋賀県の方で大木を切るからときき、喜び勇んででかけました。

しかし、その時の桜は三月の桜と全然ちがって匂い立つことはありませんでした。その時はじめて知ったのです。桜の花を咲かすために、樹全体に宿っている命のことを。一年中桜はその時期の来るのを待ちながら、じっと色を貯めていたのです。知らずして、私はその命をいただいていたのです」

とかいてある。

ここまでかいて、ふと、梶井基次郎の「桜の樹の下には屍体が埋まっている」という文章を思い出した。現象を突き抜けて、桜の美が、心霊を呼びさまし、一行の詩に凝集したかのようなこの言葉は、どんな達意の長文の桜を讃える文章より、このたった一行に極限の畏怖にみちた美の昇華が感じられる。

紅《くれない》蘇生

紅花《べにばな》の作付契約に山形にいったのは、十年近く前のことである。山間の高地にあるその村では、何人かの働き盛りの主婦達が、私どもの着く頃合いをみはからって、前夜から漬物を按配し、山栗をゆで、精一杯のもてなしをしてくれた。どの顔もはち切れそうに健康で、賑やかに紅花摘みの話をしてくれた。

その時の栗は、野山でとれた豊かな慈味とはこういうものだったのかと、私の舌がおどろいて、暫く嚙み下すのをためらったほど自然の甘みにゆで上がっていて、渋皮をむく必要さえなかった。畑の菜や大根は、自前の味噌がほどよくしみこんで歯ざわりも絶妙だった。私は何となくこの山路をのぼる道々、路傍に咲く秋の草花の色さやかなことや、野菜の美味しいことなど合わせ考えて、このあたりで摘まれる紅花の色の美しいことを信じて疑わなかった。果たして、送られてきた紅花の餅はみるからに上質で、染め上りも素晴しかった。

その年私は憑かれたように紅花を染め、着物を織った。紅襲、紅繧繝《べにうんげん》、涼州紅縞、などという名のつけられた着物が、それである。それまでの長い間、紅花は私どもの手に入らなかった。赤系統は、専ら蘇芳にたよるしかなく、その後、地中海産の西洋茜が入手できるようになり、赤の領域は広がっていったが、やはり紅を染めてみたいという願いはつよかった。花びらのみで染めるということは、今までの私の染にはなかったことで、たとえ陽にかかげれば飛散してしまう色であってもよい。儚いと聞けば、なおのこと心魅かれる色であった。丁度その頃、今まで入手困難であった紫根も中国から入ってくるようになり、私の色幅は急にひろがり、華やいできた。花瓣、葉、枝、樹皮、実、根、と植物のそれぞれの部分で染め分けられる中で、紅花は花びら、紫草は根。地上に開けば紅、土に触れれば紫。二つながら、何か変幻する、妖しい美しさを備えもっているように思われる。

紅花を染めるにはまず、餅花を前夜から水に漬けておき、黄水を何ども洗い流したあと、藁の灰汁にいれて、もみこみ、烏梅《うばい》、酢酸などによって、真紅の色を導き出すのである。純白の絹糸が、一入《ひとしお》一入、紅に染まってゆくのは、清純な少女が、目覚めて花開くのを見守るような感動がある。紅の美しさには清らかさがある。蘇芳には妖しさが、茜には堅実さがあるように。手のきれるような寒の水で染めるとよいとされているのも、紅色に少しの澱みもあってはならず、冴えに冴えていなければならないからである。

先年、山形の真壁仁さんから『紅花幻想』という本をいただいた。大変面白く、今も時々頁を開く。その中にこんなことが書いてあった。ゲーテの色彩論の中に「六月のある夕方、うす明かりの庭園を散歩している時、真紅の罌粟の花が、花びらのぐるりに青い燐光を発しているのをみた。これは眼がおかしいのかもしれないと思いながらそこを去って、しばらくして戻ってくると、また同じ燐光が見える。その時、ゲーテは〝残像〟の理念がひらめいた。網膜は、花があまりに赤いので、その反対の色も同時に見ようとして、罌粟の花に緑のくまどりを見た。見たいという無意識の欲求と、見る力が生理的にあるということ。ゲーテはそのとき、〝われわれの眼は、自身で色彩圏を完成する〟といっている」というのである。

ふしぎな話のようであるが、紅の色素をためて、かためてゆくと、いくらか黒ずんだ真紅でありながら光の射す角度によっては緑にみえる。京紅《きょうべに》が祇園の舞妓さんの唇に塗られたとき、玉虫色に光る底紅《そこべに》の緑は、ゲーテのいう残像とかかわりがあるのだろうか。

そういえば紅は、関東にはあまり迎えられず、上方、とくに祇園の色である。祇園祭の衣裳の中で、真紅に近い紅の衣には、必ず萌黄が添わせてある。萌黄の衣には紅の紐、自ずと色彩圏の完結に符合している。

またこの本の中には、戦争によって禁じられていた紅花の栽培を、八年間眠っていた種子をまいて、よみがえらせた話もある。

桜井きくさんは戦の漸くおさまった昭和二十五年、八年間納屋に眠っていた紅花の種子を蒔いてみた。果たして芽を出すかどうか、きくさんは長い間手がけてきた紅花をもういちどこの目でみたかった。棘の多い花を早朝に起き出でて摘むのは難儀な仕事だったが、摘んだ花が、黄色から、赤に変ってゆく姿は、花自身が生きて、自分を染めているのだ。

一生懸命、きれいな色を出そうと刻々に休まず息づいている花のいとしさ、それを思うと、もういちど花づくりをやってみたくてたまらない。祈るような気持で蒔いた紅花の種子は、二、三本芽を出した。「生きていたのだ」と思うと、おどり出したくなるようなよろこびがこみあげてきた。その芽はすこやかに伸び、夏には見事な花をつけたという。

紅花は八年ぶりに蘇ったのである。

紫匂志野茶盌

先日加藤唐九郎先生の仕事場を訪れた時、まず、紫匂の茶盌でお茶をいただいた。はじめこの茶盌をみた時、土からにじみ出た色の厚みに圧倒された。紫というより紅と鼠の入り交じった色のように思われたが、中身が抹茶の緑に潤沢されているのをみて、やはり紫を感じた。両者の出合いがよかった。紫といっても古九谷の紫のように上絵の鮮明な色ではなく、土をとおしてにじみ出てくる本焼きの色であるから、土と火の融和というか、反動というか、何しろ高温の窯の中で誰にもみえない闘いがあるわけであろう。

唐九郎先生の言葉をかりれば、

「炎ちゅうやつはわけのわからんもんで、鉄分が少量入っておれば、酸化で焼けてヴァイオレットになり、還元すれば青磁になる。銅なら、酸化すれば織部の青色になるけど、還元すれば辰砂になっちゃう。そういう炎には性格があって、還元させようと思ってもできない時もあるし、酸化させようと思ってもできない時がある」

「本焼きになると紫はなかなか出ないんです。特に志野は出ないです。本焼きの熱の高さでもって紫を出そうと思っても消えてしまう。だから今ぼくがやっているようにあてのないやり方をやるよりしようがない」

この「あてのないやり方」というのは、古今の陶磁を研究し尽くし、あらゆる試作をくりかえし、八十余年の歳月を余すところなく焼きものの世界に没してなお「あてのないやり方」をやるよりしようがないということである。いいかえれば、まだまだ未知の領域を探り、新しい世界に挑んでゆく底深いエネルギーがいわせている言葉であろう。三年ほど前、「偶然まぐれあたりに出た」といわれる今度の紫匂志野茶盌にしても、今日までの集積の上にあらわれた偶然であり、その偶然を足がかりにして、次の偶然に遭遇《そうぐう》することはまちがいないことである。その延長線上で活火山が火を噴き上げているような気がした。展覧会を目前にしてまだ仕事はつづけられていて、志野、高麗、黄瀬戸と新作の領域も広く、会場にまだ熱気のさめない作品が並びそうな勢いである。「まんだ序の口じゃ」といわれているが、先生自身の窯の温度はまだまだ上昇中ということである。

以前に唐九郎先生は、

「日本の古典を基礎に仕事を続けたが、これはみんな新しいものだ。伝統とは生命の継承であって、古いもののくりかえしではない。古いもののくりかえしは因習である。人間は父にも似ているが、母にも似ている。しかし父でもなく、母でもない。新しい生命である。新しい生命はその時代に成長し、闘って時代と共に進展してゆく力をもっている。伝統は日々新しい闘いをつづけて、日々成長するものである」

「伝統とは、蹴やぶるものだ」といわれたことがあるが、今日の御仕事をみてこの事を思い出した。伝統の重い壁は、少しずつわからぬほどに開く場合があるが、唐九郎先生の場合はまさに蹴やぶって躍り出るような力がある。併し、先生の場合、初期からの作品を拝見すると、それとは全く逆に、非常に緻密に計画されたものが同時に進行しているように思われる。それも一筋や二筋ではない層の厚いものが幾重にも折り重なって、いざという時、一挙に噴き上げてくるような気がする。

『土と炎の迷路』という自伝をよんだが、実に凹凸の激しい道を歩んでこられたものだと思う。どんなものでもそうだが、とくに自伝となると、本当のところはなかなか書ききれるものではない。おそらくこの何倍もの事実が、底の方に渦巻いているだろうと想像してよんだ。

先日、座談会で先生は実に楽しそうによく喋られた。はじめ幾分緊張していた私もしらぬ間に、いつもよりずっと楽な気分で喋っていた。無防備にありのままをどんどん話されるから、こちらもよけいなものは脱ぎすてずにはいられなくなるのだろう。併《しか》し実は単なる無防備なのでも磊落なのでもなく、奥の方では相手を充分に呑みこんだ鋭い切り口が感じられた。きっと思いがけないほど多様な面が相手によって展開されるのだろうと思った。私のような弱輩に対する思いやりからか、何どか仕事の話で同じようなことがあるなあと肯かれた。それは私も同様だった。

とくに印象にのこったのは、結局最後にのこるものは、自然のもっている力の存在と自分とのかかわり合いであって、一二〇〇度以上の窯の中をじっとみつめていると、はじめは何もみえないが、馴れてくると、猫の目のように瞳孔が縮んでサーッとみえてくる。すると焼きものがフーッと大きくなったり、小さくなったり息をしているのがわかる。そしたらもう焼けていくのだといわれたが、加藤唐九郎という、それは陶工の目のみが察知し得る、最高の計量なのだと思った。

螺鈿の棗《なつめ》

梅雨期というのにどうしたことか、涼しい風が吹きわたり、秋のように澄んだ空がことさらに美しい清明なその日。知恩院・阿弥陀堂で黒田辰秋《たつあき》先生のご葬儀が行われた。

湧きあがるような新緑の樹林を背景にした総本山の広大な三門を久方ぶりにくぐる。かつて清水道から散歩にお伴した時、この三門の前で、「大変な材料に、大変な仕事がしてある。この門の扉も、金具も」といって大きな手でそれらをなぜていられたことを思い出す。亡くなられた報に接した時、私は何となく座敷にある先生の根来塗《ねごろぬり》の円卓の前に座っていた。突然空虚になった思いを埋めてくれるように卓上に手をおいて静かに座っていた。五十年以上も前になるだろうか、先生の若い日の作で、昔は台所の茶袱台に使っていたのが、いつの間にか昇格して、座敷におかれるようになった。朝に夕に使い馴じんできたため、あちこちに傷があり、朱塗の奥から黒漆が浮かび上がっている。そのためにたくまずして生まれた朱と黒の対比が素晴しく、堂々たる形姿の風格と相俟って、その傷さえも景色としてつつみこまれている。我々五人の兄妹がこの円卓をかこんで成長し、次に私の子供達が、今は孫達、やがては曾孫までこの円卓をかこんで大きくなるだろう。どれほど多くの客人に愛され、人々の心を潤沢してきただろう。

家具や什器がしらずしらず人の心に浸透する力は意外なほど深く、昔、北大路魯山人が貧乏のどん底の時、昼食に何はなくても、紅色のギヤマンの鉢に豆腐をいれて食べていたと何かにかいてあったが、そんな箇所だけ切り抜いたように心にはりついている。黒田先生の椀の中に欅拭漆大平椀というのがある。両の掌の中にたっぷりかかえこみたいほどの大きさで、厚みも丸みも豊かで、軽い、何とも見事な椀である。かつて志賀直哉が、この大平椀で鯛茶漬を食べたいといい、そうすればこの椀を置くにふさわしい卓をつくらなければならず、更に、この卓にふさわしい部屋をつくらねばならず、最後に亭主の雁首もとりかえねばならないと語ったという事をきいたことがある。亭主の雁首はとりかえることができないから、この椀にふさわしい自分になるよう心がけるより仕方がない。

先日、黒田先生を偲ぶ気持から、その大平椀や、盆、茶器など、家にあるものを総動員して客を招いた。根来の円卓の上に並べられると、什器は生きて呼吸しているようであった。それらの什器や、茶器はすべて寸法が大きい。かつて先生は、利休は身体の小柄な人ではなかったか、自分の体の寸法から割り出して考えるものだからどうしても自分は大きくなる、といわれたことがあった。たしかに先生は、大器だった。どんなに小さな棗でも、大きく感じられた。よく使われる捻じったような曲線も、廻転がゆるやかで、どこまでも伸びてゆくひろがりを持っていた。

そういえば、先生の手は大きくて、いかにも柔らかそうであった。亡くなられた時、胸に組まれた手があまりに大きく、白いのに胸をつかれ、あの手が仕事をされたのだと強い印象がのこった。

いつか「印を彫って上げよう」といわれて、三センチ角位の大きな印石に刀をあてられ、無雑作に、さっくさっくと、二、三分の間に一気に彫ってしまわれた。手直しも何もなく、面一杯に「志」とあるだけで「女持ちにしては大きすぎるかな」と笑われたが、たしかに私には立派すぎてめったに使わないが、どの印より大事である。朱色ではなく、墨の色がよく似合い、中国の拓本文字のようで見飽きない。その時の印石は、木よりも柔らかそうで、刀をもたれた先生の手も、どこにも力が加わっているようにはみえなかった。

先生の作品の中で、最も好きなものを一つだけ挙げよといわれれば、私は躊躇なく、白蝶貝螺鈿いろは歌茶器を挙げるだろう。形は大雲院伝来の金輪寺棗に似て大振な何の作意もない。それ故に孤高の格調を備えていて、艶やかな黒漆の棗である。

その平明にゆるやかなふくらみをもった蓋の上には、白蝶貝で桜の花瓣がひとひら水中に浮かぶようにはめこまれ、胴まわりにはやはり白蝶貝で、いろはの歌文字が螺鈿されている。黒漆と白蝶貝、花瓣といろは文字、それらは繊細と強靭、優美と堅実、色彩の両極を渾然と調和させていて、いささかのゆるぎもなく、日本古来の伝統に深く根ざしながら、まさしく黒田辰秋先生の創作である。

先生の中にはそれらの両極の素質が同居しても少しも狭苦しくない、茫洋とした空間があったのにちがいない。

しかし現実の社会がそれ等を受け入れるには、狭すぎたかも知れないと私は遺された作品をみてそう思わずにはいられない。

襲《かさね》の色目

唐の文化の強い影響をうけた飛鳥・奈良時代につづく平安期の貴族文化が、その後に台頭する武家文化の中間にあって、全く独自な王朝の色彩をうみ、特に「襲の色目」という、洗練と華麗をきわめた色彩群を一斉にうみ出したことは、この国の色彩感覚を語る上で特筆すべきことと思われる。

この「襲の色目」というのは当時の貴族達が自然界を彩どる四季折々の美しい植物の色を衣服に染めなし、色と色をかさねたり、組み合せたりして季節感を表現し、その植物の名称をかりて服色の呼び名としたものである。当時の数多い文学作品、主として枕草子、源氏物語などのいわゆる王朝物語には、一七〇余種に達する色名の種類、四〇〇〇余の用例をもつ厖大な色彩群が登場するということである。

当時の貴族達が、漸く外来文化の観念にとらわれることなく、仮名文字や荘園の発達によって、文学のみならず、建築、調度、絵画等のあらゆる面において、繊細高度な貴族文化を創造しているが、特にこの襲の色目にみられる装束の美は、たまたまこれらの王朝文学や、源雅亮《まさすけ》による「満佐須計《まさすけ》装束抄」等によって、詳細克明に描写され、後世に伝えられている。私は少しく植物染料を手がけ、それを織物に生かす仕事を続けるうちに、この平安朝の色彩、とくに襲の色目という、色彩のみによって築き上げた豊麗な、非常に質の高い美の世界に驚嘆を禁じ得ず、近年ますますその感を深くしている。我々が普通無地と呼び、単一の色彩のみで服色を考える時、その一色がかけがえのない色、例えば、赤であれば多くの赤を包含し、赤の典型としての無地でなければその意義をなさないと考えるが、襲の色目の場合は、更に幾層倍も複雑華麗であって、その象徴としての色彩は纒綱、経緯によって織り成される織色という色の二重性、組み合せによる四季の植物の移ろうさまなどを見事に表現してあまりあるものである。

例えば、四季を通じていくつかを抜萃すれば、

春浅き頃には　莟紅梅（表・紅梅、裏・蘇芳）　梅かさね（表・濃紅、裏・薄紅）

春に入っては　早蕨（表・紫、裏・青）　山吹（表・朽葉、裏・黄）　樺桜（表・蘇芳、裏・赤花）

春深くには　白藤（表・薄紫、裏・紫）　壺菫（表・紫、裏・薄青）

夏初めには　杜若（表・二藍《ふたあい》、裏・萌黄）百合（表・紅、裏・朽葉）
夏に入りては　蟬の羽（織色目、経・檜皮《ひわだ》、緯・青）花撫子（表・紫、裏・紅）
秋に入りては　桔梗（表・二藍、裏・青）紫苑（表・薄色、裏・青）
秋深くには　女郎花（織色目、経・黄、緯・青）尾花（表・白、裏・縹）紅葉かさね（表・濃紅、裏・蘇芳）落栗色（表・蘇芳、裏・黒味香）
冬に入りては　移菊《うつろいぎく》（表・中紫、裏・青）枯野（表・黄、裏・薄青）雪の下（表・白、中陪《なかべ》・萌黄、裏・紅梅）

更に雑色となれば、不可思議な抽象性を含んで、一体どういう人物がこれらの皮肉な色の組み合わせと色名を考え出したのかと首をかしげてしまうのである。即ち、苦色《にがいろ》（表・黒味香、裏・二藍）秘色《ひそく》（表・香、裏・薄色）二ツ色（表・薄色、裏・山吹）比金襖《ひごんあお》（表・黄、中陪・青、裏・二藍）半色《はしたいろ》（表・薄紫、裏・白）

しかし、その色名と色彩をながめていると、やはり同じ日本人の血が引き合うのであろうか、これらを名づけた人物と時代の並々ならぬ見識に、深く納得させられるのである。平安期の文化が、長い年月支配階級にあった貴族達がその権力と教養にかけて培ったものであり、その日常は優美な王朝絵巻そのものであったとしても、その美的世界には次第に爛熟の影が加わり、やがて武士階級の台頭によって凋落のきざしがしのびよっていることを予感し、滅びゆくものの美というのか、もののあわれを深く感じさせるものがある。

我々が現在の地点より、はるかに平安の貴族社会とその色彩世界を仰ぎみる時、それが優麗豪華であればあるほど、自然界の仕組みや、諧調、調和をこれほどまでに巧みにとり入れた人々が必ず到達するであろう諸行無常をおのずと感じずにはいられない。その華麗な色彩の裏には、病、出家別離、死の悲傷による「目もくるる色」とされる墨染の、無彩色ともいうべき白黒の装束をまとった人物が浮び上ってくるのである。それらの人々を紫式部は、鈍《にび》いろの衣をきてやつれているさまがかえって華やかな装束をまとった時よりもなまめいて、奥床しくみえるのは、やはりその人の人柄であろうと語っている。

色なき色の世界が究極の美を展開してゆくことを王朝の色彩は、我々に物語っているように思われる。

藍と人

ここ数年訪ねたいと思いながら果たせなかった徳島のTさんを、ようやくお訪ねすることができた。Tさんは藍を建て、染めている方である。

人の仕事場を訪れることは心の重いことである。真剣にとり組んでいる仕事場に人をとおすことは、辛いことだとわかるからである。特に同じ仕事をもつ者は双方が辛い。しかし、そういう人の仕事場こそ訪ねたい。一歩足をふみ入れれば、それがわかる。緊張した快感が身内を走る。期待にたがわずTさんの仕事場は、簡素な中にピーンと空気がはっている。

仕事に必要なもの以外何の飾りつけもなく、動きやすい空間がとってある。手勝手がいいというのか、ここで仕事がしてみたいと思う。土間は汚点一つなく拭き上げられていた。これはふしぎなことだ。藍染をすればそこら中にしぶきが飛び散ったりして、あちこち汚点だらけのものであるが、一切のものにその痕跡はみられない。伺えば、仕事が終るとすぐ仕事場中を拭き上げるそうで、それはTさんの仕事に対する姿勢をよく物語っている。

Tさんは小柄な、きりっとひきしまった、つつましやかな婦人である。自分がどんなに一点一点、精魂こめて仕事をしているかを語るのではなく、どうかしてそれを語るまいとされているのに、かくしてもかくし切れない誠実さがにじみ出てきてしまう。結局人に自分の仕事を説明したり、表現したりするのとは別の次元で、仕事をしているものには自然と伝わってしまうものである。

こちらが質問しなければ自分からは話されないほど寡黙で、私はどこから話をききだそうかと焦ってしまうほどだった。そこが一ばん聞きたいと思うところに迫ってゆくと、じっと考え「それは分量だけの問題ではありませんね」「その場になってみないと何とも申し上げられません」という答えがかえってくる。もう一歩というところでさし出された手がすーっと消えてゆくようで私は残念に思うのだが、事実はそのとおりなのだ。言葉ではいえない質のものなのである。分量とか時間とか目安を云えば間違うのである。その時の状況事態が揺らいでいるのだから、水の上に釘を打つようなもので、次の瞬間に、どういう事態が出現するかわからない。しかし、自分にだけはある予感がある。言葉にならない手ごたえがある。それは、藍の色艶であり、匂いであり、味である。ただその時の状態を全身で受けとめる以外にはない。見のがしてはならない表面の奥の表情がある。次に何が起こるかそこに予知されているものを見とおす目がいる。それを人に伝える手だてはない。

私がしばしば愚問を発すると、童女のような瞳にキラッと鋭いものをみせて「あなたはそんな質問をしていいのですか」という風に黙って首をかしげられる。私は無理を承知で2＋2を聞いているのだ。そんなこと答えられますか、などとTさんはいわれもしないし、そんな失礼なこと私が申すものですかとあわてて否定されるにちがいないが、私にはそれが、最も正当な答なのだとよくわかっている。それなのに聞いてみたい。もし私だったら、その場をつくろって、やりようによっては4にも5にもなりますね、などと中途半端な返事をするだろう。戸惑って答えられないことに気を遣っていられるTさんの正直さに、この方の仕事が透けて形が鮮明にみえてくる。これだから藍の仕事が出来るのだ。この仕事に必須の資質を見事に備えている。

カンがいいのだと一口に云ってしまえばそれまでだが、カンとは一体何なのか。まず第一に自分の仕事の領域をはっきり見定めている。その範疇では何一つ見のがさない。心のこもる思いやりがすみずみにまで行きとどいている。その領域から決してはみ出さない。怠けない。手をぬかない。それらのことが土台にあって、はじめてカンが働く余地が出てくる。ゆとりが出てくる。カンはかすかな、じっと耳を澄まさなければきこえない音である。匂いである。味である。言葉におきかえることのできないものである。

「櫂をいれて、かきまわしながら、上がってくる泡の状態をじっとみて、それで判断します」Tさんからようやく聞き出した言葉はそれだけだった。それで充分。一ばん伝えにくいところを伝えて下さった。

「お目よごしで」とTさんはひかえめに、絞りの裂を見せて下さる。お目よごしどころではない。目が洗われる。その藍の色の清々しさ、深い色だ。藍は落ちるもの、手につくものと承知していて、おちませんかという私の愚問に対して、Tさんは当然という風に「いいえ」と答えられた。

それは事実を伝えているにすぎないが、静かにこともなげに云える内容ではない。藍の色が落ちないということは、Tさんの芸の一ばん誇っていい勘所《かんどころ》である。

松園の素描

一つの作品の胚種が心中に宿り、少しずつ育成されながら何かの契機を得て、ぽっと灯がともるように誕生する。その機というものは実にふしぎなものである。

上村松園のその画集は、下図と本画とが併列されていて、素描の方にむしろ重点がおかれているせいか、作品の誕生とその後の過程がよく分かり、私のようにものをつくるものにとっては心をそそられるものがあった。

松園の素描の周辺をみていると、仮にどこからかおくられてくる精気の波動のようなものがあるとすれば、松園はその気を受応する天稟《てんぴん》の質のようなものを得ていて、絶えずそれらを生活の内まで浸透させ、作画への契機に結びつけている。

実を云えば当初、二曲屏風の風俗画などはあまり整いすぎていて心を魅かれなかった。婦人はあまりに美しすぎると思った。

併《しか》し、その画集をみているうちに私は次第に松園の世界に魅き入れられていった。若い頃よりその画業への一途な精進、あらゆる機会に縮図し、写生し、下図になると何枚も紙の上に紙を貼って人物の核心に迫ってゆく、その凄まじい集中力は黄ばんだ紙を切り裂いて人物が出現するようだった。

「花がたみ」を描くにあたって、狂人の眼の、空虚な視点をとらえるために苦慮している。照日前《てるひのまえ》のシテは、その役を演じるのだから狂人の視点の奥に覚醒の人の視点をひそめねばならない。そのため祇園の名妓に狂女を舞ってもらい写生している。それらの数多くの素描が一枚の下図に凝縮した時、まさに魂が灯ったかのようである。しかもその魂は生々しく揺れ動き、本画によって初めて不動のものとなるのである。

「焰」の下図の女性は、お歯黒の口元に黒髪をかみしめて、怨みに燃えた瞳をこらして、じっとこちらを見つめている。実に凄艶で正視に堪えないほどであるが、そこにいいようもなく松園の至芸、まことに到るべき極のようなものが感じられ、私は目をそらすことができなかった。松園以外の女性の誰が、これほどの怨念の極を描き切っただろう。この年松園の吐き出した白い焰のような情念である。下図が揺れ動くと前述したように、焰の女性が現実にぐらっと私の目前で動くように感じられ、下図は音もなく本画の中へすべりこんだ。一瞬のことだった。何かがたしかに本画へ乗り移り、二つの画は一体になったのである。それは私の錯覚だったかも知れない。併し松園は焔を描くことによって女性の内奥に巣喰っているみにくくおぞましく正視に堪えない深淵の奥底をじっと覗きこみ、下図の段階でその正体をひたすら吐き切ったのである。さ迷い出た生き霊をひっさげてあの高みにまで昇ってゆく怖ろしいまでの精神力、松園の内面で相克された霊と肉の一元化は本画において怨念を封じこめ、生き霊の成仏に一念を凝らしたのであろう。松園自身どうしてあのような凄絶な画を描いたのかわからないと云っているが、精魂をふりしぼってその境域を突き抜け、新たな段階に立つことができたのである。松園ほどの人にとってそれは通過せずには生きられない煉獄であったにちがいない。

本来画集というものは本画のみで編集されているのが普通で、このように未生の中から作家の手の中をみせる画集は少ない。そういう編集の意図を云々するのではなくて、私にとってありがたかったのは、遥か彼方にあった松園という偉大な画家を身近に感じ、その芸術生成の圏内にほんの少し手をさし入れることを許されたという感のあったことである。何よりも私は松園の生涯に魅きつけられた。その生きた時代、人間であることを貫くことによって輝き出た松園の女性としての犯しがたい品格、母仲が松園を生み、その芸術を育てたように、松園もまた松篁を生み、その芸術を育てた。その生きた確証が私の胸を打つ。その生き方の隅々にまではりめぐらされた叡智へのかけ橋、それは後期の作品にわたって大きく変化し、展開してゆく。

私が初期の松園の作品にまず感じたのは、松園と物とのかかわりについてだった。松園の画には必ず人物と共に物が付随している。着物は云うに及ばず、髷、髪飾り、扇子、傘、燭台、簾、柱、障子、そのほか蛍、虹、四季の花々、雪、風、時雨等々、数え上げればきりのないほど物が物を云い、自然現象と人物は一体になっている。

松園は前述したようにこまやかな精気の波動をうけるにこの上もなく敏感で、厳しい修練の繰り返しの上に研ぎ澄まされた感性を生かして、ほぼ完璧に近い画面構成をつくり出しているが、なぜこれほど物との共存を求め、露ほどの疑いもたず物を重視したのか、私は初期から中期にかけての作品にふとそのような疑問を持たずにはいられなかった。

例えば、先頃早逝した有元利夫が物との関係を極端に省略し、一人の人物を舞台に立たせるかのようにして観る者に対峙させたのに対し、松園の描き方は甚だ対照的である。

勿論、時代のへだたり、人間の意識化、個人の特質等々、どちらを批判するのではなく、有元利夫にはそれだけの内的必然があっての上であり、それは他の機会にゆずるとして、松園の作画上の推移をたどる上でそれは避けては通れないものであり、そここそ松園の真意と偉大さがひそんでいることをやがて知らされるのであるが、松園はもし許されるなら日々の生活の一齣《こま》一齣をさえ克明に描きたかったろう。夥しい縮図、写生をみると、松園の眼は物の動きを捉えることに実に鋭敏で、女性の仕種、娘から母への微妙な変化、髪の形、素描や下図ではまだ定まらない浮遊の線が流動し、「待月」の女性の後ろ髪などは触れれば湯上がりのしっとりした湿り気に濡れるのではないかと思わせる髪への深い愛着、本画になるともう濡れてはいない、烟るように完成している。その後ろ姿に配する一本の柱、流暢な後ろ姿を断ち切るように一本の柱をたてている。その造形骨格の見事さ、物を物以上に生かし、日常の些事にわたって何一つおろそかにせず、人々の暮らしを愛《め》で、天啓という次元にまで物を引き上げていった。

私が次第にその思いを募らせ、松園の器量の深さに畏敬をもつようになったのは、

「夕暮」「晩秋」などの後期の作品によってである。

松園の描いた女性はいずれも既に古典の領域に入り、あきらかに現在の女性とは一線を画《かく》している。もうどこにも松園の描く女性はいないといっていい程である。ことに青眉という今の我々にとっては少なくとも奇異な風習を、闇夜の蚊帳《かや》にとまった一瞬の蛍にたとえて讃美している。たしかに松園の描く青眉の婦人は、松園自身の言葉をかりるまでもなく、ふるいつきたいほど美しい。我々が古い風習を捨て伸び伸びと生きられるようになった分だけ松園の描く女性の美から遠ざかり、その慎ましい優雅さは古典になりつつある。

併し、「夕暮」の、つと障子をあけて黄昏の外光に針のめどをかざしている女性の姿は、今までの松園の描く女性と違っている。

質素な無地の着物、お針道具と障子、無駄なものは一切ない。聡明な目もとに生きる意志をはっきり感じさせながらその眼はもっと遠くを、針のめどを越えて遥か彼方をみつめている。松園の母は縫物によって松園の芸術を応援してくれたという。日の翳った夕暮まで母がもう少しもう少しと針をはこんでいる姿が松園の瞳にやきついていたのであろう。その母の面影を描いたといわれる夕暮の女性は松園の内なる母であり、菩薩である。この女性が菩薩の姿をしていても少しもふしぎではない。その顔は俗世をはるかに超えている。明治、大正、昭和にかけて画家という自己確立の道を選んだ松園にとって、「花がたみ」や「焔」に燃焼せずにはおかない苛酷な軋轢《あつれき》があったことはまちがいない。若き日の骨を砕き、血をにじませたそれらの苦患《くげん》を通過し、その間に磨き上げられていった女性はかぎりなく女性でありながら女性を超えている。晩秋の、澄みきった秋の空を思わせる縹色《はなだいろ》の着物の女性の、ややうつむき加減に、近づく冬にそなえて障子につぎをあてている後ろ姿、そこにも澄みきった松園の心境が描き出されている。すべてを洗い流した秋の光である。

更に、「晴日」においてより大きな画境を展開しているのに私は敬嘆した。残念なことに本画は所在不明とのことであるが、この下図だけで充分である。画面右を斜めに切る張板の前に佇む女性、胸をはり、体中に漲る力を下駄の上の足にしっかりと支え、その眼はどこをみつめているのか、毅然として迷いなく、今立ち上って何を舞うのであろう。松園の到達した最後の舞台。そこに立つ女性こそ人間の象徴である。

松園は風俗、美人画より出発し、女性をとりまく様々の風習、道具建てをこよなく愛し、一点の疎漏もなく描き切った。それらの一つひとつは松園の筆になることをよろこび、昇華していくことによって松園は、それらから解き放たれ、筆は流麗に冴えわたっていった。

「晴日」にみる空間の清明なひろがりは、菩薩道を進んでいる松園自身である。

私は松園の素描をみて本画以上に様々のことを考えた。素描はこの世に初めて生をうける瞬間である。色彩のない、定まらない線の集積、まだどこかに彼方の創造界の余韻をのこしている。物界の中にしっかりと彫琢されるまでの数刻、素描、下図、本画という一筋の道があり、そこに形成の秘儀をみる思いがする。私は素描によってはじめて松園の芸術の所在、それを生み出した松園の人としての徳のようなものを思いしらされた。

「晴日」に本画がなく下図だけであることにも必然を感じ、私はひそかに満足している。

松園のこと　人生の節《ふし》、己れの節《ふし》

先頃私は上村松園のことを書く機会を得て、様々のことを考えさせられた。松園ほどの偉大な画家のことを私のようなものが書くなどおこがましいかぎりであるが、一人の作家を内と外から見きわめたいという思いにかられ、画集や、『青眉抄』を繙くうちに、その生涯を貫く画業、その精進もさることながら、松園の生き方、人間として己れの節を曲げず、死に至るまで私事に対して一言も洩らさない、強靭な意志に私は敬嘆した。

現代とはあまりに違う。明治、大正、昭和初期に女性が自分の意志をはっきり表明して生きることによって、どんな軋轢がおこるか、松園はそれを少しも避けようとせず身を挺して生きた。その生涯に私はつよく魅きつけられた。

ごく初期の作品に、「人生の花」というのがある。黒紋付の母親に付き添われて、今しも婚礼の席にのぞむ花嫁の姿、荘重で身がひきしまる。少しも浮き立つような喜びは感じられない。しかし、いつまで見ても見飽きない真実がこもっている。婚礼とはこういうものだと。生れた家を出て、他人の中にただ一人入ってゆく。沈痛な思いの母親、健気に思いさだめた娘、現代では見うけられない風景ではあるが、今も昔も本質は少しも変らない。松園がこの画を描いたのは二十四歳、わが身の上に思い描いた人生の花であったろうか。しかし、松園の人生は画とは違っていた。二十七歳で一子松篁を産む。

「いま画壇で名前の聞こえている上村松篁という画家は、上村松園のたった一人の実子である。松篁は画家として母親松園の名を辱しめない力量の持ち主だ。京都では、この上村松篁の父親が誰であるかを口に出して問うことは一種のタブーになっている。このタブーは、もちろん松園の生存していた時期にあってタブーであったばかりでなく、歿後、十七年（一九六六）の現在においてもなおタブーである。つまり、上村松園は若くして生んだ一人息子を世間に父親の名を知らせない庶子として敢然と育て上げ、彼女の生きている間はもちろん、亡くなってからも後ろ指一本指させないのである。これは驚嘆すべきことなのだ。私は深い感動と畏敬の念をもってこの事をこゝに書いている」

これは、亡き今泉篤男氏の文章であるが、このことをこれ以上簡潔に真実をもって書くことは不可能であると思われたのでこの文章を拝借した。このことは驚嘆すべきことであると同時に、松園の生涯、画業すべてがこの一点に集約され結晶しているように私には思われる。

松園はこの時、女の業の哀れさをしっかりと皮袋の中に封印してしまった。

四十歳をすぎて、「焔」を描いた時、芸術上の大きなスランプに陥ったという。その時、思い切って大胆な仕事をすることによって局面の打開をはかったと『青眉抄』に書いている。普通スランプに陥った時、仕事は出来ないものだ。松園はその苦しみに自ら追打ちをかけるように「焔」という凄艶な画を描いた。

自分の中にある醜い、おぞましい怨念をあの画の中に封じ込め、スランプを見事に乗り越えている。スランプなどといって甘ったれてはいない。自虐や、自棄になったり、病に倒れたりしていないばかりか、それを逆手にとって階段をかけのぼっている。凄まじい精神力である。スランプとは実はかけがえのない好機なのである。私など何度そのチャンスを逃していることか。悩みを真に悩まず、自分を弁護し、いたわることに汲々としている。遂にはスランプさえ訪れないではないか。松園はここでも自分の悩みを洩らさない。『青眉抄』の中で淡々と心境を語っているが、私事には一切触れていない。そのことが松園の芸術をきよめ、度量の深さを物語っている。一言でも洩れてしまえば、あの皮袋が一点破れれば、「焔」は生まれていない。後期の名作、「夕暮」「晩秋」もおそらく生まれていないだろう。松園は黙して、じっと自己の内奥の深淵をのぞき込み、そこに本当に見たのであろう、聡明で、知性高く、器量もある六条御息所《ろくじょうのみやすどころ》がなぜあれほどの怨霊となったのかを。傷口を引裂いてみれば松園の中にも、女性総体の中にもそれは潜《ひそ》んでいるものであった。と気付いた時、松園は一挙に白い焔として吐き切ったのだ。情念を突き抜けて、怨霊は鎮まった。事実松園は焔を描いたあと、ふしぎに心がなごみ、「天女」という作品を描いたと語っている。

人生には何度かそこを通過せずには先へ行けない関門がある。竹の節のようなものだ。苦しいからといってそこを避けては通れない。一節一節のぼることによって、もう下へ落下することはないのだ。節があっては落下するはずもないのである。自分ではなかなか気付かないが、ただ夢中でそこをかけ抜けるだけである。私もかつて、そんなところを通った経験がある。自らが招いた業火だったかもしれない。両側に火が燃え、後にも火、ただ先へ進むしかない窮地に追い込まれた。両方の翼に一人ずつ子供をかかえて一気にそこをかけ抜けた。遠い昔のことになったが、荒野にぼうぼうと火が燃え、呆然とした印象だけが鮮明に今ものこっている。私はそこで多くのものを捨てた。そこを突き抜けた時、仕事を得た。仕事は私を裏切らなかった。裏切るのは私の怠慢だけであった。

今ふりかえってみれば、その時私もスランプを好機として荒野をかけ抜けたのかもしれない。そこを通過しなければ仕事という恩寵を受けることは出来なかったのだから。

松園のことを書きながら、実は自分の内と外とをみきわめるはめになった。それは、松園という器が私を受け入れるほどの大きさを持っていて、はじめて可能なことであった。

松園の中に生きる女性は終局において女性を超えている。「夕暮」の、あの障子のかげからそっと身をよせて黄昏の光に針のめどに糸をとおす女性、私は我を忘れてあの女性に見入っていた。質素な無地の着物をきた庶民の中のひとりの女性がふしぎに菩薩に見えてきてしまったのである。人は菩薩の画を描いて少しも菩薩でない画もある。菩薩を描かずとも菩薩である場合のあることをはじめて知った。松園の中で削ぎ落とされ、磨き抜かれてなお残ったもの、それは松園の内なる母であり、菩薩であった。

再びみ仏に問う

暮もあと数日というあわただしい日を縫って、再び奈良に向った。あの仲秋の日に拝した三月堂の不空羂索観音《ふくうけんじやくかんのん》にもう一ど出会うためだった。冬の暮とて堂内に人影はない。秋、ここを訪れた時、私はこのみ仏からある力を得た。聳えたつ三眼八臂の畏怖をこめた神々しい姿の光背から射すような光がふり注いでくる。雲の間から現れた不空羂索はまだ地上に降り立っていないかのようだ。垂直に見開く眉間、白毫の霊眼に射すくめられて呆然と立ち尽す我々衆生を、手にもつ羂索（綱のようなもの）をもって掬いとろうとする烈しい意志、その網の目からなお煩悩多き衆生はこぼれ落ちようとする。それをもまた掬いとろうとする、このみ仏は生動している。今、このただならぬ現世に働こうとされている、私にはそう思われたのだ。

奈良のみ仏達の多くは深い瞑想の奥に沈まり、火を噴くことのない活火山のように崇高な姿でしずまりかえっている。しかし、このみ仏はちがう、何かを発している、語りかけている、と感じるのは私自身が変ったのだろうか。今日の私はこのみ仏から何かを受け止めたいと思ってここに立っている。全身が棒のように硬直し身動きがとれない。と、その時、両脇の日光、月光の菩薩から何か全くちがった光が射してきているのを感じた。雪の中から立ちあらわれたかと思われる清浄な姿で、日光、月光菩薩は合掌されている。烈しい畏怖と敬仰の思いに硬直した私の中にたとえようもないやすらぎが流れこんだ。火炎と雪、煩悩と慈悲、両極を示しながら、不空羂索観音と、日光、月光菩薩が私の中で一体になって、新しい道を指し示しているように思われた。仏道に帰依するでもなく、心から仏像を拝するでもなかった私がこのような思いを抱いてよいのか、私をここに導き給うたのは何故か、み仏に問いたい思いだった。もう一ど奈良へ行きたい。不空羂索観音の前に立ちたいと思った。しかしその思いはそのまま自分自身に問うことであった。堂守の方が仏前の香爐に香を敷きつめていた。堂内に漂う香りは時空を超えて、天平の霊的空間が流れているようだった。古代の人々は、我々がもはや感得し得なくなった深い無意識の底を通じて神々へ至る道をたどり、人間がその時から何千年の間に受けるであろう苦患《くげん》の限りを身を以て受け、弥陀の慈悲によって救い切ろうとする観音の姿をここに刻んだのであろう。現代という世紀末の、霊的には盲目に等しい我々になお烈しく語りかけようとするみ仏がここに在ますのである。冬の陽をうけて、幾条にも流れ出る香の煙の行方を、連子格子のむこうにみながら私は幾時かをすごした。

午後、すこし翳ってきた寒空の中を秋篠寺に参った。ここも人影はまばらで、白い山茶花が散りしいていた。

ほの暗い堂内には、伎芸天の前に蠟燭が灯され、一輪の蓮華がそこに立ちあらわれたようであった。右足をすこし歩み出し、首をかすかにかしげ、あるかなきかの揺ぎを、灯にてらし出されたほのかな空間にゆだねるという風情である。この世に最もうるわしいみ仏、というほかない。大自在天の髪際から化生せられた天女ということだが、最高の骨格、緊密な肉付き、豊饒な身体と……そう表現しようとして戸惑った。それは肉体ではない。神々が自分に最も似かよった形姿をと願われ、それを肉体という仮の姿に宿させたとき、伎芸天が生れた。化生、それは不可視の世界に舞う天女を地上に位置づけ、荘厳する、人間にのみあたえられた芸術的創造のことである。人間によってしか顕現することのできない新しい自然の創造をこの伎芸天において神は人に托された。芸術の化生というべきだろうか。

翌朝小雨の中を桜井から地図をたよりに石位寺《いしい》に行く。昔、一どだけ訪れたこの石仏のあまりの優しさ、きよらかさを永く忘れることがなかった。小さな御堂に三尊仏は慎ましく安座されていた。朝鮮、慶州の石窟庵のあの石仏の流れを汲むのではないか、と私に思わせるのは、石仏の源流、遥かな憧憬はなぜか私にとって朝鮮の石仏なのである。そしてその面影は、青幡《あおはた》の忍坂山《おさかやま》にうたわれる万葉の古代大和の石仏にもかよい合うように思われて、そこから「紫は灰指すものそ　海石榴市《つばいち》の八十《やそ》の衢《ちまた》に逢へる児や誰《たれ》」と万葉の歌にある海石榴市をたずねた。ここにも古い石仏のあることを思い出したのである。無人の、荒れ果てた御堂に上ると、煤けた黒い石像が二体、童子の刻まれている像があった。髻《みずら》を結った哀しげな童子の像をみていると、ふと

「雁の童子」ではないかと思った。天から降りてきた雁の眷族、翁の雁が地上に燃え尽きたあと、ひとりとりのこされた雁の童子が侘しいこの御堂に、ようこそおいでになる、と私は思わずこの童子に呼びかけていた。

「雁の童子とおっしゃるのは、まるでこの頃あった昔ばなしのようなのです。この地方にこのごろ降りられました天童子だというのです。このお堂はこのごろ流沙の向う側にもあちこち建っております」

「天のこどもが降りたのですか。罪があって天から流されたのですか」

（宮沢賢治『雁の童子』より）

もしこの御堂が現代風に改装されていたら、私の幻想は生れなかったろう。朽ちるものは朽ち、剝落するものは剝落して、その中になお古代の魂が生きている、そういうものに想いは引きよせられる。

奈良には未だに古代の謎が眠っている。

考古学的に古墳を発掘して、果してその時代の真の謎を解き明すことができるだろうか。事実を知ることだけで歴史の本質が浮び上るとは思われない。死者の眠りを覚してよいものだろうか。

三島由紀夫は、『日本文学小史』の中で次のように語っている。

「民族の深層意識の底をたずねて行くと、人は人類共有の、暗い、巨大な岩層に必ず衝き当る。それはいわば底辺の国際主義であり、比較文化人類学の領域である。古い習俗のもっとも卑俗なものを究めて行っても、又、逆に、もっとも霊的なものを深めていっても、同じ岩層にぶつかり、同じように『人類共有』の、文化体験以前の深みへ顚落して行く危険があるのだ。しかも、そこまで行けば、人は『すべてがわかった』気になるのである」

古代の人々が何を願い、何を感じていたか。史実にはあらわれなかった闇の中へ、我々はイマジネーションの力で入っていかなければならない。願いさえすれば我々は奈良のみ仏達の前に立つことができる。み仏に何を問おうとするのか。海石榴市の煤けた童子像に私は雁の童子をみた。石位寺の三尊仏に流れ流れてはるかに新羅を思う韓民族の面影をみた。保護され、整備された建造物の中であのイメージは湧かなかったであろう。深い深い眠りの奥底から響いてくるみ仏達の声を我々はどこまで聞きとれるだろう。

いや、不空羂索観音も、伎芸天も実はものすごい妙音を発していたのではあるまいか。そのうるわしい大音声を我々はもはや聞きとることができなくなったのではないか。テレビや、コンピューターむきの耳や眼をもってしまった我々は、古代にむけて目も見えず耳もきこえぬようになってしまったのではないだろうか。み仏に問うのではあるまい。み仏に聴く魂をもう一ど我々のうちによみがえらせなければならないのではないだろうか。

たたなづく青垣にかこまれた大和まほろばには、東大寺をはじめ、興福寺、元興寺、法華寺、唐招提寺、薬師寺、法隆寺と、あげればきりもない世界に類をみない大伽藍、塔頭が立ちならぶ、それらの寺内には千年近く続く仏像をまつる祭祀、僧侶が仕え、大より集う民衆がある。二十一世紀を目前にして、人類はみずから苦海に身を沈め、大波に呑みこまれようとしている。それらの仏像を観光の対象としていささかもかえりみることのない民衆の中に、ただひとりでもみ仏の声をきくものがいたら、あの羂索をもって苦海に沈みゆくものを掬いとりたいと願っていられるのではないだろうか。あの仲秋の宵に唐招提寺のみ仏に問うたことを、今私自身に問いかえす。三月堂の香のたゆたう中で私が受けたあの不可視の世界から響く声、射し入る光、その地点から私はどこへ向けて歩むのか、厳しく自らに問わねばならない。

暮れなずむ大和の古墳群は、今人々から忘れ去られ、あばかれた墓の主の悲哀のみがうずくまるように深く感じられる。我々は祀ることを忘れ、祈ることを忘れ、古代の人々にその非礼をわびねばならない。冷たい雨の身にしむ頃、ようやく巻向の駅に着いた。

身近きものの気配

……われらは見えるものの蜜を夢中で集めて、それを見えざるものの大きな貴い蜜槽に蓄える。

——リルケ

仕事場は南向きだが、隣接の宝篋院の竹藪が幾重にも層をなしておおいかかり、殆んど陽を透《とお》さない。竹藪と屋根の間のわずかの空から落ちてくる光が、機《はた》の上にふりそそぐので、その光の度合は私を落ち着かせてくれる。

冬の夕刻、いつの間にか陽が西に傾き、小倉山の端に消えてゆこうとする時、射すような光が、竹の葉越しに私を呼ぶような気がした。私は仕事の手を休めて西の空をみると、陽は半ば姿をかくしながら、私はもう下りますよ、と本当に語りかけてくるようだ。やわらかく、芳ばしく、刻々に茜いろが水浅黄《みずあさぎ》の雲に溶けこんでゆく。一日機にむかっていた充足と、疲労をつつみこんでくれるようだ。

私は窓ぎわによって掌を組み、頭を垂れて夕陽を浴びている。

そういう時、私のまわりから潮が干くように現実が遠ざかってゆき、余光の中にいて何かがそっと近づいてくる気配がする。

ほんの少し時間のない世界で見えざるものに触れることを許されるようだ。

無常迅速——すみやかに走り去ったもの、そして止《とど》まるもの。

六十歳を越えるほどの年をかさね、その間、一つの仕事をずっと続けてこられたのは何だったのだろう。もしかすると、今まで見たこともない全く「別なもの」を少しずつ見せられていたからではないだろうか、と私は少し前からそう感じるようになっている。

自分が色についてこれほど変った考えをもつようになったのもそうだ。そのことさえ気づかずにいたが、本当は私の中で青虫が蝶になったほどメタモルフォーゼしているのである。色のことを青虫などというのはあまりに粗野な表現だけれど、実は変ったのは私の方なので、色は少しも変っていない。色は永遠に普遍なのである。

この歳月、さまざまの植物から見たこともないほどの色をみせられて、胸に一撃をうけ、戸惑い、よろこび、それが静まるころにはまた新たな衝撃があった。

そんなことをくりかえしているうちに、私の中に微睡《まどろ》んでいたものが次第に目覚めていった。植物とかかわりをもつようになって自然界には測り知ることのできない法則や秩序があり、我々にほんの一部を開示してくれることを知った。その扉は開くかと思えば閉じられ、その内奥は優美であるかと思えば、剛毅である。

私は次第に「色がそこに在る」というのではなく、どこか宇宙の彼方から射してくるという実感をもつようになった。

色は見えざるものの彼方から射してくる。

色は見えざるものの領域にある時、光だった。光は見えるものの領域に入った時、色になった。

もしこう言うことが許されるなら、
我々は見えざるものの領域にある時、霊魂であった。

霊魂は見えるものの領域に入った時、我々になった、
と。

色についても、我々についても私はそう実感している。色も我々も、根元は一つのところからきていると。

そうでなくてどうしてこれほど色と一体になることができるのか、自然の色彩がどうして我々の魂を歓喜させるのだろうか。

あの荘厳な夕映えの空を見た時、我々は死を怖れることなく大宇宙へ還ってゆくことを信じ、自然に帰依する思いをいだく。

暗く垂れこめた空をみる時、我々の心は重く沈み、暗黒の世界にひき入れられるような恐怖を感じる。そこに光と色が失われているからである。その時雲のきれまから光が射しこんでくると、我々は自分の魂に光が射してきたことを感じる。

眼が光をとらえることができなければ光はなく、色もないのである。

ゲーテは、「光そのものが成し得ることは、すべて光の創造物たる眼もなし得る」

と云っている。しかも眼は内なる魂の光をうつすことによって、宇宙の光を感得し得るのである。

宇宙の奥に暗闇があり、その前方に光が射す時、青という色が生まれる。天に涯しない青空があり、その下に海が深い青をたたえてひろがる。それらはいずれも手にとらえることのできないティンクトゥーラ（透きとおった色）であり、闇と光の領域にあって色になりつつある光である。

それらの色があまりに美しいので、天に人が願ったのであろうか。

いつの頃からか我々は、植物の藍をとおして青という色をあたえられた。何千年の間、我々の中の誰かが藍に心をうばわれ、藍と共に生きたので滅びるかと思えば滅びず、細々ながら受け継がれ今に至っている。併し、青という色は、本当は天上を映す色なので、あまりに地上的な我々は容易にその色を染め出すことができないのである。

藍は古来より建てるといわれているが、甕《かめ》の中で発酵や還元のプロセスをとおって、藍分を醸成する。あの小さな甕の中にマクロコスモスとミクロコスモスが共に生きているような生成過程をたどる。少々大袈裟ないいようであるが、ほかの植物から色を抽出するのとは根元的に異なり、自己の内面を映し出す鏡のようである。これまで何どか苦い体験を経てきてそう感じざるを得ないのであるが、宇宙の生成の縮図をそこにみるような気さえする。

今日では藍建ても化学的にその大部分を解明されるようになってきたが、藍建てにとって最も重要な木の灰汁《あく》は化学によって分析されてもどうなるものでもない。即ち、木の灰汁は同質のものをのぞむのは不可能に近いからである。同じ木が一つもないように。それ故、木の灰汁は謎にみちている。いいかえれば神聖である。そして灰汁は藍の血液にも等しいものである。

このように我々の側からは手のほどこしようもないものを相手に、その生成過程を見守らなくてはならないところに、甕のミクロコスモスがはじまる。

甕に藍の生命が宿るのである。青の誕生から終焉まで、あたかも我々の人生のような過程をたどる。色と共に悩み、喜び、不可解に不可解をかさねてゆく中に、ある侵すことのできない領域を知らされたのは藍を建てることによってであった。

植物はその根、幹、葉、皮のすべてを提供し、みずからの精を、色としてこの世におくり出している。

梅、桜などの幹にたくわえられた色をみた時、私は精の色としか呼びようがなかった。ピンクとか、うす紅とかいう名は絵の具にふさわしい名のように思われた。

我々はその色を受け、その色にふさわしい叡智をもって仕事を展開しなくては、植物の精はそこで生命を絶たれることになるのである。自然はいつも黙して我々の意のままになっているから、自由に色を操っているつもりでいるが、実は我々自身がためされ、磨ぎ出されているのではないだろうか。

自然界の色は物質の上に塗られたり、物質と混同したり、物質の一部になることは決してなく、物質の中に射し入って光を投げかえしているのではないか、色は宇宙から光の使者としてやってきて、ようやく物にたどりつき、そこではじめて物とかかわり、ほほえんだり、哀しんだり、苦しんだりして、もう一ど宇宙へむけてさしかえしているのではないだろうか。

あなたはあなた自身をあなたの栄光の中におかくしですね、わが王よ。

一粒の砂、一滴の露も、あなたその人より誇らかに顕われています。

世界はあなたのものであるすべてを羞かしげもなくわがものと呼んでいます。

——だからといって辱しめられもしないで。

あなたはわれらに場所を与えるために無言で身をお退けになるのですね。ですから愛はあなたをたずねておのれのランプを点し、求められもしない礼拝をあなたにささげに行くのです。

タゴール（山室静訳）

一九八八年（冬）

湖に近づくと、冬はまだ熟睡していた。

いつもの年なら今頃湖を席巻し、北の端から大天幕をはってやってくるはずなのに、鈍い灰色の空と湖は、水平線をわかちがたく、目覚めを惜しんでいる冬に遠慮がちであった。

鴨の群が数十羽波間に浮び、対岸の三上山や鈴鹿山系の美しい稜線は全くみえず、すべては灰色で、どこかの硯海からうす墨があふれ出したようだ。

この冬はもう三度、湖に足をはこんでいるのに、何もお見せ下さらないのですか、私は思わずそう呟いてしまった。晩秋に上越から団栗《どんぐり》を沢山送ってもらい、さまざまの灰色を存分に染めたところに、水墨画の素晴しいのを見る機会があって、それからというもの、私の中に茫洋と浮ぶ冬の湖がある。うす墨を一面に刷毛で流した上に濃墨が一気に走り、墨色の濃淡や浸潤が、湖の光や影、波間の襞になってあらわれてくる織のディテールを思うともなしに浮べていると、いつの間にか遥かの対岸あたりに、雲間から光の帯が下りてきて、そこに金色の楕円の盤をつくっている。こまやかな細波にふちどられ、そこに音楽がふりそそいでいるようだ。湖上をすべって私のところまで伝ってくる。しばらく見つめているうちに光がすうーっと消えた。

陽は雲の中を逍遥しているのだろうか、と、見る間に目の前の水面にキラッと剣のような光がきた。何？　突然何が起ったのか、と思った瞬間、目の前が光の饗庭《にわ》になった。

頭上の雲がきれて対岸から瞬時に光の盤が移動したのだ。キラキラ、キラキラ、光の子らが飛びはねる。白い剣は列をなして岸へむかって進んでくる。私は戸惑うばかりだ。灰色一色だった湖面に、今や無数の色がみえはじめる。うす黄、橙《だいだい》、紫、青、黄緑、紅、朱など七いろの縞が浮び上り、沈んだかと思うと風が波間を金の糸で縫ってゆく。灰色の地に灰色の濃淡で紋様が浮び、その上に一刷毛、茜色がかするように射す。私の目がそれらの幻想を追っているのか、まるで誰かの手が湖のはしから頁を繰るように次々と色彩が移り変る。やがて、陽は北へ向ったようだ。湖は、すぐれた水墨画がすべての色を含んで墨色であるように、先程までの色をすべて内にいだいた老いた母親のように灰色一色にかえっていった。

深い藍をたたえた湖水の色や、その上に降りしきる雪を思いえがいて訪れてきた私の、本当にのぞんでいたのは実はこの水墨の世界だった。やはり見せて下さったのだ。秋に団栗を染め、さまざまの灰色を得たのも、あの水墨画をみたのも、そのための準備だった。

あなたの光、あなたの色、あなたのものであるすべてを羞かしげもなくわがものと呼んでいる私共に、なおあなたはあたえて下さるのですか。傷ついた幼子の心にも、水の中の魚にも、いまひらきかけた花にも、地に埋れた岩石さえ、光を使者として色をあたえて下さるのですか。そんなにも惜しみなく。

土星紀の熱存在のように、「天の彼方から我々にさしとどけられる色を、こだまのようにもう一ど天空へ放射しかえすことで、周囲を賦活し――まわりのものもいきいきと暮し――地球全体が天なる生命の鏡のようだ」（高橋巌先生の講義録より）とあなたがごらんになれるように、地上に在るすべてのものはあなたへの放射を怠ってはならないのに、あなたがみずからの栄光の中にその身をかくしてしまわれるので、我々はかえすことを忘れて、地上は穢された色に充ちています。あの時、湖上に射した突然の光は何だったのか、霊界からは光として、地上からは芸術として、天の中空で交差しながら、とどけるようにとの、あなたの伝言ではなかったろうか。

色が熱や光と同じく霊界と物質界の境域にあって、熱や光よりも我々に近いところに存在する。それ故に、色を通ってゆけば霊界への道を辿ることができることを、シュタイナーの『色彩の本質』によって学んだ。私はかつて、「色は単なる色ではなく、木の精であり、色の背後に一すじの道がかよっている」とかいたが、その道こそ霊界に通じる道ではなかったか。

植物から色を抽出する過程でしばしば遭遇する、ある侵しがたい領域というのも、自然界の法則や秩序の前に厚い扉があって、或時、ほんの少し扉が開いたように思われたのも、そういうことではなかったか。更には、緑という色が植物からは直接得られず、青と黄の混合によって生れること、闇である青と、光である黄が緑という地上の色をうむ。緑こそは、霊界と物質界の境界にあって明滅する淵の色であると、私は長い間謎としていだいていた緑について鍵をあたえられた思いだった。

更にシュタイナーは、『色彩の本質』の中で、

「緑は生命の死せる像として存在する」

という驚くべき啓示をあたえた。

藍甕の中からあらわれる色は、ほんの数秒、真正の緑色であるが、空気に触れた瞬間に消滅し、その時点に青が誕生するというこの世ならぬ現象をおこす。生命の誕生と死が緑という色に同時に内在する。まさにシュタイナーの言葉どおりではないか。我々が生命の象徴のようにみている樹々の緑が、生命の死せる像であるならば、我々そのものも儚い生命存在の先端にある緑を色として、生の傍にもっているのではないか。死と再生の原理はここにも秘《かく》されている。私にとって色はいつか色としてではなく宇宙の原理そのものとして映ってくる。高橋巖氏はシュタイナーの言葉として次のように語った。

「人間は圧倒的な暴力をふるう大自然の猛威の前には儚く死んでゆく存在であるが、その人間がどの位内面生活の中に自然の圧倒的な力をとりこんで、それをイメージすることができるか、人間の内側にしかその力をうつし出すことはできない。人間は大宇宙に生かされ、大宇宙は自分の中に存在する。その儚い個体にすぎない人間が、実は地球全体を新たにうみ出す母胎となっている。人間以外にこの宇宙に母胎を見出すことはできない」（高橋巌先生の講義録より）と。

我々にとってこれほど感動的な結論はないであろう。このようなぎりぎりの結論をあたえられた我々の生を今生《こんじょう》でどう受けとめてよいのか、仕事の根底にこのことをしっかり据えなければと思う。

裂《きれ》のつづら

裂はどんな風にして、生まれてくるのでしょう。いつも機を織りながら思うのですが、この先どんな風に織ってゆくのか、自分でもわかっているような、わからないような。しいていえばわかっているのですが、意識にはのせないで、そっとしておく。触れれば崩れてしまいそうですから、形にしないで、浮ばせておく、かすませておくのです。

空間に揺れ動いている細い線をたよりに、五感をしずめて待っている。そのわずかの間、かすかな気配、自然に経糸《たて》が上下する、交錯する空間に糸が走る、陰と陽の空間に糸が走る。糸が裂になる瞬間を掬い上げるのは、呼気と吸気の間です。ですからおのずと息をととのえ、一織一織、織りすすんでゆきます。裂になってゆくときの、経糸のふるえはまるで竪琴のよう。

色と色は手をとり合ったり、はなれたり、からみ合ったり、ほぐれたり、ふと後をふりむいて手招きしたり、かくれたり、随分私を手こずらせます。けれど、それがおもしろくて、こちらも追っかけたり、急に立止ったり、大またになったり、小走りになったり、経糸の絃の中を、しばし色とたわむれます。

色は変幻の魔もの、厳しい調律師です。キラリと鋭く切りこむ色、やさしくあたりに滲む色、キッと天を見すえる色、透きとおる硝子色、半透明の磨《すり》硝子色、霧になって消えかかる色、凍る色、花びらの打ちかさなる色、かさなって濃い色、水面に浮ぶ色、水底に沈む色、日暮れどきの莍《いらか》の色、地に落ちてしめった葉の裏側の色、鉛の滴色、意地っぱりの鴇《とき》色、洋紙の縁《ふち》色、雨あがりの青竹色、銀箔の翳の色、羹《あつもの》に映える暗色、等々。

裂はそのときどきの思いをこめた、私の唯一の伴侶でした。二十数年、途絶える日とてなく、裂を織ってきました。

裂づくし、裂の手筥、諸国縞帳などと、思わずそうつぶやいてしまうほど、私は裂のしまってある葛籠《つづら》や、小引出しをあけると、いつの日か、そんなものをつくってみたいと思いつづけてきました。

裂は日々の生きるしるし、私にとって日記のようなものでした。植物の芽生えのしるし、友人への親愛のしるし、古典への遥かな憧憬のしるし、それが時に、縞になり、格子になり、絣になりました。どんなに小さくなっても裂は呼吸しています。掌《て》にとって、陽にかざして愛《め》でていただきたいものと思います。昔のひとの裂もそうでした。小さな糸屑のようになっても、どこかでかすかに語りかけてくれるいとしさ、私はそんな無数の色と線のうつくしい吹き寄せ、かぎりのない、うつりかわりの綾に支えられて、自分もその流れのひとしずくになったような思いがしています。

灰桜

時をまたずに散ってゆく桜の花のうす紅はひとの心に浸みいるような憂いがある。ある年の、嵯峨野の佐野さんのしだれ桜を忘れない。仕事を終えた夕暮、今日あたりが見ごろとしては限界かと、ふと広沢の池まで行ってみた。道がうっすらと白くなって、万朶《ばんだ》の花は今宵を限り散りはじめていた。ふり仰ぐと無数の花は、うすいガラス細工のように儚くて、暮れなずむ灰色の空に紅を吸われてしまったかのように白い。

美しいというより、ただごとではない気がした。こんな姿をみせてしまって、これからこの桜はどうなるのか、花びらは天に吸いこまれてゆくのか、ガラスの破片のように散ってくるのか。

佐野さんの桜が、艶を誇ってしだれ咲く絶頂は、世にこれほど美しいものはない。五瓣の、形を極めた小花が、何千何万とうちかさなり、うす紅の雲となり、霞となって揺曳する。その合間に透し模様のような水浅黄の春の空が突彫《つきぼり》されている。うす紅と、水浅黄の桜紋様、艶冶《えんや》を極める型絵染の世界だ。時をまたずして桜は散る。とめどなく散る。灰が降るように散る。花咲爺さんは灰をまいて、ふたたび桜花《はな》を咲かせた。灰は生と死のあわいの花か。

蘇生の秘術を花咲爺さんはやってのけたのだろうか。それにしてもなぜ灰だったのか。

私は今、木を燃して灰をつくる仕事を時々やっている。木灰から灰汁をとって色を発色させるためである。桜の幹や枝を炊いて、染液をつくり、その液で染めた糸を桜の灰汁で媒染すると、うす紅色に染まる。

と、するとやはりここでも灰は蘇生の役を果していることになる。死の門をとおりぬけて色が誕生する。藍甕の中にも灰汁の力が秘されている。死と再生の秘儀がここにも存在する。

六十をなかばすぎて、死と私の間にいた人々は次第に姿を消し、今はその道を遮るものは何もない。桜の奥に燃えつきてなおかすかな紅を漂わせる灰桜の色を私は見ている。

みちおほち

白い繭の中は、いつしか降り積む雪となる。蚕は、終《つい》の栖《すみか》となる小さな空間に烟のような繊い糸を、みずからの体内から無限に吐く。

沫雪の中にたちたる三千大千世界《みちおほち》

またその中に　沫雪ぞ降る　　良寛

上蔟《じようぞく》が近づくにつれて蚕の体は半透明になる。緑の桑の葉がどんな経路をとおって透明な液体になり、糸になるのか、その謎を誰も知らない。科学ですら解き明かすことはできない。繭をつくりはじめた蚕の頭上の被膜は次第に密になる。外界は閉されてゆく。しかし遮断ではなく被うのである。包まれてゆくのである。抱かれてゆくのである。蚕はみずからの沫雪の中で、さらに雪を吐く。沫雪の中の三千大千世界《みちおほち》である。その中にまた沫雪が降り、三千大千世界がある。そしてまた雪が降る。無限に入籠構造になって繭と雪の連想がつづく。

このほど今年の春繭を入手した。一週間で蛾の出る生繭である。何の道具もない山家暮しの中で、何十粒かを炊いて手でひいてみた。親指と人差指の間をすーっとかすかな音をたてて引き出されてゆく糸は、沫雪の降り積むように和紙の上にしんしんと積み上ってゆく。一瞬の間に何十粒もの繭から引き出された糸は、キラキラと光を放って一本の糸に凝集する。まだ蚕の口から吐き出された時の息づかいをのこしているかのようだ。その糸がふるえながら雪の巣をつくってゆく。私はその上に幾粒かの豆をちらばせて、糸口からしずかに糸を繰り上げてゆく。そんな単純な作業の中に目をみはらせるような、心があらたに息づきはじめるような、よろこびがある。三千大千世界がある。

小さな、あまりにも極小な地上の三千大千世界である。銀河団の一つの銀河、その中の星、その一つの惑星、地球の果ての果ての小さな一つの繭の中、そこにも三千大千世界があり、沫雪は降り積むのである。

能見《のうみ》日記

一九九一年、一月十八日

朝から小止みなく雪が降る。機を織りながら時折窓の外をながめると、雪の上に雪が降り積み、渓流だけが雪を吸いこむように流れてゆく。どこか上流で、ごおっという音がしたら窓の外がまっ白になって、風が雪を巻いてとおりすぎた。水面を黒い鳥が飛ぶ。昼すぎすこし小降りになった戸外に、角巻をまいて出てみる。誰もまだ踏んでいない新雪の上を小さな足あとが森のかたわらまで続いている。昨夜も十時すぎ戸外に出てみたらすぐそばの藪の中を川下の方に小さな足あとがつづいていた。つい今しがたここをとおりすぎたにちがいない。もう三十分もしたらこの足あとは雪に埋れるだろう。「どこにゆくの、ねぐらにかえるのかい」私は思わず小狐の後姿を追うように足あとに語りかけた。

ここへ来てひとり機にむかうと遠い昔のことが鮮やかに胸によみがえる。記憶の引出しがあいて、昔のことを今の色合いにつつみこんで思い出す。華やかな色は消えて燻銀《いぶしぎん》の世界だ。若くして彼岸に逝った人達、母のことはとくに思い出される。この頃、自分の中のちょっとした感情の浮沈や、ぎごちないしぐさまでふと母が宿っているような気がする。六十数年を終えてようやくたどりついたこの生活の深みに心をひたとよせて、自分自身と語ってみたい。町中《まちなか》の神経の休まる時とてない生活より、こんな山の中の方が死者達が訪れやすいのだろうか、山の上からとめどなく吹きつける白い片々が、無数にさまよう聖霊のように谷間を埋めてゆくのを終日みていると、魂が内へ内へむかってゆき、なつかしい人達に出会っているような、ふしぎな温かさを感じる。機を織る手をやすめて、窓の外の雪にむかって、何とはなく頭を下げてみる。

一月二十日

暮に片山敏彦の『心の遍歴』という本をおくられた。求めていた本を思いがけずおくられるというのはうれしい。

この冬の師とも、友ともしたいと思って折にふれて読んでいる。戦時中の発行とて、紙はやや黄ばんでいるものの、頁を繰ると、一行一句から立ち昇る香気がある。心にしみる文章には赤い線をひく、もう少し大事な文章はノートにかきとめておく。まるで本を愛撫しているようだと、我ながら苦笑する。精神の食物《しょくもつ》とでもいいたいほど読み終るのが惜しまれる。一人の作家のものを深く読みこみたい。決定的に心のひかれる文学の世界というものがある。

昨年はやはり片山敏彦の歌集『ときじく』をいただいた。和歌の中にヨーロッパの叡智と、東洋の霊性がみちびき入れられているようだ。

ひとすぢの　細き光の糸ありて　螺旋の道を　星にみちびく

うつそみの　ひと日ひと日にこだまして　きこえやまざる　神の笛の音

雨やみて　しじまぞ深き秋の夜の　心に見ゆれ　息づく光

生涯の最後の一年を病床にあって、ロマン・ロランやヘルマン・ヘッセに深く傾倒した著者が、「深夜、または暁がたの夢からさめる頃、和歌が浮ぶならわしとなった」と自ら語るように、まさに不時、ときじくと思いさだめて、歌により日々の生を確かめ、深めようとされたのであろう。

一月二十五日

ふと機から目をあげると、雪は止んだようだが、谷あいのわずかな午後の光が青い影につつまれて暮れはじめる。かぎりなく雪を吸いこんだ川は、墨色に底の方まで透けてみえる。かすかな音をたてて、闇が川の底から湧いてくるようだ。この山里のくらしの中で、これから夜にかけて闇がしのびよる気配が掌の中に感じられるようなこの時刻が好きだ。語りかける人もなく、体中がすっぽり夜の中に吸いこまれてゆく。山がそっと近づき、森の樹々もじっとこちらをみつめている。濃紺の夜の空までずっと低く下りてきて、星がこんなに近いなんて考えもしないことだ。森の奥にねむっている小動物、雪の道をチョンチョン走って消えていった小狐や、てんも仲間のような気がしてくる。
私の気持をこんなにも引きよせてもっとこっちにおいでといっている自然は、そろそろと殻を脱いで近づいてゆく私をじっとみているのかもしれない。物の奥にもっと物があって、今私がみている物はそっちの方かもしれない。別の私になったら、物も別のものになる。私だけが変ってきていて、自然は少しも変らないように思っていたが、そうではなく、私が変ると、自然も変るのだ。ということは私と自然は別々のものではなく、一緒のものなのだという気がする。孤独とか、寂しさの奥に何だか今まで感じたことのない、ある包まれる感じ、深々《ふかぶか》とした落葉が散りつもったあの感触、今までみせてくれなかった自然の顔がみえるようだ。この何もない、自然だけが相手の生活の中でようやく分りかけてきたことがある気がする。

一月三十日

手をさしのべればふれるかと思われる山の斜面の、幾千、幾万の枯枝の一つ一つが白く雪にふちどられ、山肌のわずかの黒土、常緑樹の暗い緑、白、茶褐色、黒、暗緑色のそれらの色調は、いささかの媚もなく、互いに互いをひきしめ、支え合いながら、寒気に耐え無駄のない厳しいフォルムと一体になって迫って来る。私はこの自然だけがもつ真実としかいいようのない底深い力に圧倒されながら、見ても見ても見飽きることがない。

この枯れ枯れの冬の底の形姿の中にただ一つ、そこだけ、流れ、動いているものがある。山すそを流れる渓流である。目をそこに転ずるとおのずとよろこびが湧く。日に幾たび私は川へ目を注ぐだろう。雪中の静の中で、生きて流れている生命の象徴のように感じられるのだろう。じっと見ていると、少し飛躍するようだが、それは人間の体の中を流れている生命の川のような気がしてくる。そして、人間の体の中には、川や、森や、谷や、泉があるにちがいないと思えてくる。人間は宇宙の何億万分の一の縮図ではないか、人体と呼応しているように思えてくる。宇宙の惑星さえも、どこか私は微粒子のような小さな存在になって大森林のような人間の神経叢の中にさまよいこんだような気がしてくる。さざ波をたてる川をわたり、谷を越え、無意識界の旅をしている。川をみてなぜよろこびが湧くのか、絶えまなく流動し、鼓動する生命の流れを、無意識の闇の中で我々の生命を維持する存在として、川に反映してみているのではないだろうか。地球をむごたらしく傷つけ汚すのは、みずからの肉体を傷つけ死に至らせることではないか。自然こそ自分の肉体である。今まで自然の一部が人間であり、他の部分は人間が利用してもよいと思っていたが、そうではなく、人間の一部が自然であり、一部を破壊すれば人間全体、社会全体が病んでゆく、無意識裡に行われていることの厖大な責務、借財を人間は刻々に背負っているような気がする。この冬枯れの厳しい自然が今私に必死に語りかけてきているように思われてならない。

二月三日

雪に降りこめられて食料もそろそろ乏しくなってきた。水が止まる、山頂からとっている山の水は雪に押しつぶされたり、猪に嚙まれたりして時々止まることがある。けれど雪の川水は清冽で豊かである。どこか張りつめた生地にまだ鋏を入れていない、そんな新鮮さのある生活が好きだ。今のところ燃料さえあればよい。

ここに来てしみじみありがたいと思うのは、山家暮しの人々のあたたかさである。何くれとなく気を配ってくれる。山菜の煮物や漬物をとどけてくれたり、お風呂も入りにこいと言ってくれる。ささやかな話題を大事にあたため合って語る。手のうちのわずかな灯を消さないように、息をよせ合っているような会話は、もう都会のどこにも存在しない。すこしでも明るく、心のなごむ方へそれとなく話をむけてゆく、人里の人々の智慧であろうか。心をとがらしていれば、この谷あいの闇の夜は寂しすぎると——。

朝、雪かきをしているHさんに、「雪の上にいろんな足あとがありますね」と語りかける。

「そうや。あれはいたちですね、お腹をすって歩くさかい、ようわかります。鶏小舎のまわりの足あとはてんですねん」と言う。

山の食料がなくなって狸や狐、鹿まで下りてくるという。

二月七日

礼拝

冬草も　みえぬ雪野のしらさぎは
　おのが　すがたに　身をかくしけり　　道元

今朝、雪原に細々と尾花が金色の穂先だけをのぞかせているのをみていたら、雪の中の白鷺の歌を思い出した。雪漫々の白に白鷺が身を沈めている。白鷺はおのれの計らいで雪に身をかくしているのではない。

おのずから無垢なので、白が白にかくれているのさえ知らない。道元はそれを、「不染汚《ふぜんな》」と言い、この歌に礼拝と題している。尾花が雪の中でほの明るく金褐色に燃えているのを美しいと思ったが、その連想として白鷺の白は極《きわま》っている。一切の煩悩を埋めつくし、白は白を突き抜けている。そういう境地を道元は礼拝といったのだろうか。また不染汚については、「不染汚とは、おのれの計らいによる趣向もなく、またみずからの判断や好悪による取捨もしないようにと、しいて工夫し、趣向もしていないと、人につくろったり、またかくしたりするという、そういうようなこととは全く違う。初めから趣向などと縁のない、取捨などと離れた不染汚がある。即ちおのずからの、ありのままの、邪気も計らいも全くない不染汚がある」と言っている。不染汚があるといい、こうすれば不染汚の境地になれるとは云っていない。そうなろうとしてなれるものでなく、そのままで雪野の白鷺なのである。

三月一日

零下10°　家の中も凍りつきガラス戸に美しい花模様が描かれている。すぐ近くの森に山の斜面からすべり落ちてのぼれなくなった二頭の鹿がいるといって、山の男達はいさみ立っている。何とか逃げおおせるとよいが。

この冬ごもりの生活にもしばらく別れて、三日から沖縄へ行く。帰ってくるのは中旬か、午後この雪景色にもお別れかと森のはずれまで行ってみる。峠の手前で雪は丘のように積み上げられ、春まで峠は越えられない。午後、機にむかう。緑無地の経に森の樹々が波立つように揺れる横段暈しの織はだんだん佳境に入りつつあるので立ち去りがたい。

夕刻、もうこれまでと思い切って機を下りようとしたら、ふと呼びとめられる気がした。「早く帰ってきて、きっと」子供に呼びとめられたようで胸が騒いだ。機からこんな風に声をかけられたのははじめてだ。冬中、二人っきりだったものね。いつの間にそんな仲になっていたんだろう。機は私の一部だと思っていたのに同体だったのか。私だけが機から立ち去りがたく思っていたのに、そうか、機もそう思っていたのか。

「きっと、早く帰ってくる」と私は思わず機をなぜた。

三月十五日

昨日、やっとここへ帰ってきた。わずか半月あまりなのに、何という変りようか、すべて春だ。雪はところどころのこってはいるものの、川も森も空も、光を増している。川は雪解け水で水量をまし、さもうれしげに、キラキラかがやきながら、たっぷりと川幅をひろげて流れてゆく、堰堤《せき》のあたりに光の群があつまってか、白い水煙は晴れやかな合唱のようにきこえる。目を覚ましたか、岩間に小さな魚がチラチラする。うれしげに水にのってゆく。機は黙して待っていてくれた。「かえってきたよ」私は機にのぼると、夕刻まで一気に織り続けた。

五月十四日

二カ月近くこの日記も開かなかった。

東奔西走の日々だった。留守の間に春は去ったかと気がかりだったが、春はまだ待っていてくれたようだ。京の町から山路をたどり、峠を越えるたびに春がもどってくる。山桜はほころびはじめたところだ。山かげに楚々として袖をひろげて舞うかと思われる風情である。川べりに、こごみ、いたどり、よもぎ、野みつば、芹などが初々しい芽を出している。機にむかう心もそぞろになって、何ども川べりまで野草を摘みにゆく。

夜、河鹿のなくのを聞いた。とぎれ、とぎれに、おそるおそるなくのは生まれたばかりの河鹿か、川の闇の底で母を呼んでいるのか。胸の奥の方で河鹿がなく、私はそのいとけなさを抱く。今、闇の中でくぐもるようにしてなく河鹿は私のおさなごか、山の中、夜、闇、今年はじめてのおぼつかないなき声、それらがどこで私を誘いこんだのか、私はほんの束《つか》の間《ま》河鹿の母親になって聞いている。

五月二十日

いつもこの森の家に帰ってくると、どこからか姿をあらわして私を迎えてくれる小りすがいる。(小りすとも少しちがうような気がする。)何どか森へお帰り！　と外へ放り出すのにまたしても煙突から入ってくる。もう一年あまり、この子と同棲している。今日は、何となく様子がちがう、新しい糞がない。ふとビニールの屑籠をのぞいたら小さな手まりのように円くなって死んでいた。いとしくて、手の中に抱いた。森の生活の唯一の伴侶、とりかえしのつかないことをした。森の住人はビニールなんて知らないのだ。夕方杉の根方の鈴蘭の群の中に埋めた。まわりにひまわりの種子を厚く敷いて、やすらかにおねむり。

一年ほど前、カーディガンを着ようとしてポトリとこぼれ落ちたものがある。小さな茶色の背中にこげ茶の縞が尻尾までとおっている。チョロチョロと押入れに入った。夜中カリカリと音がする。襖をあけると柱のかげでじっとこちらをみている。壁や天井をむささびのようにぴったりはりついて這う。顔は小鼠とりすの合の子。しばらく留守して帰ると座ぶとんの中や、カーテンのかげからひょこっと顔を出す。やっぱりいたの、とほっとする。

いつか食パンをきろうとして何やらモゴモゴと動いた。パンの中で昼寝していたのだ。肩のところ少し毛がきれてヒヤッとした。この頃は肩にとまったり、大分親密になっていたのに、ほっかりと寂しくなった。

五月三十日

一週間ほど前、Mさんがここに訪ねてきた。Mさんは野にでると小半日、花を摘んでかかえきれないほど花に埋れてかえってくる。「今はキンポウゲ！」断乎とした調子で云う。Mさんの胸に抱かれたキンポウゲは、金色、ピカピカに光って誇らしげである。キンポウゲなんてと今までかえりみもしなかったのに、こんなにも美しい花だったのか、Mさんの胸にだかれると――。

はじめてこの家を訪れて、Mさんは家の中に入らず一気に川べりへ下りていった。私は追いかけるようにその背中にむかって、「そこに姥百合が咲くのよ」と言ったら、すぐ、「ああ、姥百合が咲けば、ロレンスの世界よ」とMさんが答えた。その瞬間、ぱあっと世界が変った。風さえ変った。その風にいざなわれて、うすいヴェールが巻き上げられたかのようにロレンスの世界がひらけた。

六月七日

まだどこかにMさんの余韻がのこっている。ひとりのひとの残り香の床しさに驚く。キンポウゲは光を失った。今、野に君臨するのは薊、棘のある葉が槍を突っ立てて女王の紅刷毛を守り、「今はあざみ!」と歯切れよく叫んでいる。一週間の命を咲き切る野の花はMさんと共に去った。

六月二十四日

この山荘に来てはじめて、きのう笹百合に出合った。羊歯や宝鐸草《ほうちゃくそう》の茂る中腹の草むらに腰を下して、ふと手にふれたのが、小さな蕾をつけた笹百合だった。毎日見にでかけた。少しずつうす紅の灯がともるようにふくらんでついに開いた。星、地上に下りてきて露にぬれている星なのだ。気がつけば私の家の前の森かげにも一輪、丈高く三つの蕾をつけている。しずかに、犯しがたい花の気品が蕾を三尊仏のように思わせる。毎日、あるかなきかに蕾をふくらませ、うす紅が奥の方から射してくる。まるで花の奥に仏が在ますようだ。清浄な空間に露が下りて花がかすかに揺ぐのを、私は自身が蕾の中にひそみ、全身で開花の予感を受けとめているような気がしていた。その朝、私は嵯峨へ帰らねばならなかった。車にのる前、もう一どその花の前に立った。なぜか全身にあわれ、というような戦慄が走った。

嵯峨にいる間、ずっと思いつづけていた。

今朝はきっと咲いただろう。あの森の中に、三つの星は降りただろう。それを山の時雨がぬらしているだろう。三日後やっと帰ってきた。すぐ飛んでいった。けれど笹百合はどこにもなかった。目をうたぐった。きっととおりがかりの人が摘んでいったのだろう。誰のものでもない、今その森かげに幻の笹百合が咲いている。あの時、これがお別れ！と百合は叫んだのだろう。私の中でも手折られることを予感していたのだろう。あの戦慄はたしかな百合と私の応答だった。

あとがき

「道のある場所では、私は私の道を見失う。」今朝、私はタゴールのこんな言葉に出合った。沢山の文字の中から、ふいに呼びかけられたようだった。あたえられた道、しつらえられた道は私の道ではない。すべての人がそうであるように、自分には自分の道しかない。十年あまりの間、あちこちに書いた小文をまとめて一冊の本にすることになった。これが自分の歩んできた道だったのかと思った時、必然的にその先の道がみえてきたような気がした。道は細まり、いくらか急な坂にさしかかった七十の坂である。

そんな時、幸田文さんの『木』と、『崩れ』を読んだ。幸田さんは七十をすぎて、随分遠隔の山深く、木に会いにゆき、崩れを目のあたりにしようと出かけていった。体力、気力の限界をかけて、ものをしっかり見届けよう、辛くとも今、言わなければならないことがある、という気魄に打たれた。何か書こうということの姿勢を問われている気がした。自分はものをとおしてしか書けないとすれば、もっとものの奥に入ってゆき、これだけは見届けたい、伝えたいというものに突き当るまで筆をとってはならないような気がした。今までほとんど自分からというよりたのまれて短文を書いてきた。自分は機織りだと思っていた。

目も、背骨も、足も、機織りのために費した。それは苦痛ではなく、楽しい覚えだった。まだもう少し余力があるなら、機にむかってもその気を持ち、色にむかっても、我しらずさそわれてゆくような柔かい心をもちたいと思う。

幸田さんはこんなことも言っている。

「娘がだんだん年をとってくると、親みたいな様子になってくる。親である私に似てきたというのではない。私が子になったような感じにさせられるのであり、むこうが親になったような感じがあるのだ。親子逆転である。」と。

あ、そうか、と思った。まだそこまでは感じていなかったが、たしかに子になったような感じ、親になったような感じは双方のどこかにあると思う。それも自然の、一つの道である。

今は私の歩調で、この山かげの道を草や花に語りかけられながら歩きたいと思う。

この本の上梓にあたって、御尽力をいただいた人文書院の堀田珠子さんに心より御礼申上ます。

平成四年九月

志村ふくみ

文庫版あとがき

すでに、『語りかける花』の上梓から十五年の歳月が経《た》っている。その中で、「ある日、ほとほとと扉をたたいて、白い訪問者がおとずれる。その時、私達は扉を開き、快くその訪問者を招じ入れなければならない。誰もその訪問者をこばむことはできない。老とはそんなものである」と私は昔何かでよんだことのある詩の一節を引いている。今や老は私の部屋の久しい住人になっている。

さらに「私はこの友と二人でお茶を飲み、羹《あつもの》をじっくりとおいしく煮込み、時の熟する音をこころよく聴き、時には共に旅にでることもあるだろう。若い時の尖った神経がまるくなって、明け方の胸の痛みも消え、美しいものの近づいて来る時の鈴の音がきこえるようになるのも、この友と深い交わりを結ぶようになってからのことになるだろう。もし、第五の季節があるならば、めぐり合えるかも知れない」と書いている。

そして、第五の季節はやって来た。

私はその間、イラン、トルコ、インド、中国、韓国などの遺跡や文化を訪ね歩いた。それらの国で出合ったさまざまのことが、大地に散り敷いた落葉のように私の内所にちりばめられ、醱酵を待って熟成したもの、そのまま朽ち果てたもの、いまだ混沌として私の胸のところどころを突き動かしているもの、瞬きの間にすぎた歳月は第五の季節をすぎ、もはや第六章に入っているのかもしれない。「美しいものが近づいてくる時の鈴の音」などと気取っている場合ではない。明日をも知れない老齢にさしかかり、いいようのない深い闇、底知れない暗鬱を日々感じているにもかかわらず、手をのばせば触れる闇の幕《とばり》からそっと身をかわしつつ、どうしたものかこの胸に時としてさざ波がおこるのである。細胞は日々よみがえるという。死滅する細胞より、復活する細胞に乗り継いで、人は第六の季節を生きてゆくのではないだろうか。五十年余、毎朝目ざめると仕事のことが胸に浮ぶ。それはごく自然のことであった。併し三年程前、それが突然中断され、人に会うことも、本を読むことも、仕事のことなども一切考えられず、悶々とした日々をすごした。何かが切れてしまったのか、働きすぎたと人は言うが、休止期間であったのだろうか、二年をすぎて、どうして元気をとりもどしたのか、気がついてみれば機《はた》にのっていた。もう決して機にむかうことはないだろうと思いこんでいたのに、まるで昨日のことのように筬の音は私を誘いこんで織りはじめたのである。たしかに若い時のような緊張感は失せ、登りつめようとしてもはるか手前で足をとどめてしまう。だが、何かが自由になっている。どこかで解放されているような気がする。自分で切り開いてゆく道、ひとりで草をかきわけて進んでゆく道だと思っていた。併し今振りむけば若い人達が一心に歩んでくるではないか。私は重い腰を下ろし、あたりを見まわすと親しい者の姿はなく、若者達の姿に変っている。疲れ切って坐っている私に、「大丈夫ですか」と声をかけてくれる、優しい響きだ。若い時に決して聞くことのなかったいたわりの言葉だ。その響きの中に私はかつて思いもかけなかった瑞々しい発想が芽生えていることを感じている。前途への漠然とした不安、懊悩をかかえきれないほど持っている若者達に伝えたい。この瑞々しい発想はあなた達から来るものだ。道をあけて通って下さい。具体的にどうするということは出来ないが、何か手をさしのべたい。私がこの年まで何とか生きて来たのも、かつて先達から、この瑞々しい発想を与えられたからだ。道を切り開いてくれたからだ。森の木の切株に腰かけて私は今、再び語りかけられている。若者達から。語りかける花、花は若者である。善くも悪くも大変貌するであろう次の時代にさらなる叡智をもって生きてゆく若者に何かを托したい。私のこんな小さな仕事にも、語りかけてゆくものがあるとすれば、細胞が生き継いでゆくように、希い事も受け継がれてゆく。現代にしっかりした根をもち、その根から芽生えたものを疑わず伸してゆく、それが自分の一生の仕事だと守り続けてゆくことが大切だと、と切に伝えたい。それがもしかすると美というものに結びつくかも知れない。本当に美しいものでなくては存在してゆかないのだから。

平成十九年十月

志村ふくみ

解説

藤田千恵子

本を読むのに資格は要らない。年齢、経験、能力も不問。……と思っていたけれど、そうだろうか。この『語りかける花』を読み進むうち、はたと思った。読む側にも力量がいるのではなかろうか、と。

こんなことを書くと、この本は難解なのかと誤解されてしまいそうだ。だいいち「力量」だなんて、返す刀で自身が斬られてしまう。その力量はあるのですか。

志村先生の文章は、むろん、難解でもなければ、人の読解力を問うような厳しいものでもない。ただ、耳を澄ませて聴くように、もっというならば、人が耳を澄まさずにはいられなくなるような音楽のように、心を澄ませて読まないではいられなくなるような向心力がある。そうして、心をすませ、身体的には目をこらして読んでいると、静かな水面に突然波が立つように、胸を射抜かれるような一行が飛び込んでくる。蓮の花の話なのだな、そう思って読んでいたら、

〈今更ながら、今生が大事と思うのであった〉。たった一行の、その強さに打たれること、しばし。次に「瀉瓶三滴」へと読み進めば、人が人の心へと注ぐもの、注がれたものを大切に胸に抱く、その思いの熱さを受ける。なんと深いところまで、届く言葉だろうかと、座り込むような気持ちになって、やすやすと読み進むことができない。

実母との別れが綴られた「一条の煙」では、人が、かけがえのない相手を喪う時の、身体中で感じる寂寥感と哀しみ、未だ募る慕わしさまでもが伝わってくる。

〈こんな年になって、天寿を全うした母をこんなにもいとおしく思うとは、全く思いがけなかった。若い時に母を亡くされた方はどんなであろうと思い、年齢とは関係ないのかと思う〉

〈その棺をおおうまでは、決してみえていなかった。突然幕が下ろされ、白日の下にその人をみることのなくなったその時から、実は本当にその人をみるのだった。空洞が日ましに深く、その人とのかかわり合いの深さを身に刻んでゆく〉

誰しもが逃れようもなく体験する哀しみであるだけに、ここで一度本を閉じ、別れた人への思慕の情と共にしばし過ごす人も多いのではなかろうか。

志村先生の文章は、けっして難解な文章ではない。濃密ではあっても、端正で、読みやすい文章なのだが、読みやすい文章というのは、むしろ、危険なのだ。どんな宝がどこに潜んでいるのかわからないのに、速度が増してしまうからである。野草についた小さな露のきらめき、その横をそのまま通りすぎることのないように、目に映っていながら見逃してしまうことのないように、じっと目をこらす必要がある。

〈直感とは、自然の諸現象を単に漠然と眺めることではなく、注意深く見つめることであり、注意深く見つめれば、自然はおのずから、その秘密を打ち明けてくれる。それは秘密などというものではなく、自分が何かに心をうばわれ、見落としている現象である。その時、心の篩《ふるい》の目が荒くて、重要なものを見落としてしまっているが、ふと気がついて、熟視し、思いをこらす時、急速に篩の目が密になる〉

これは、そのまま、著者の文章を読む際の心得、と思って私は読んだ。

密なる篩の目は、自然から、あるいは絵画から、音楽から、人の営みから、さまざまなものを梳いて、掬いあげていく。染織家としての著者の眼差しは「花には花の色」、「根には根の色」、それぞれの色調と主張があると気づく鋭敏なものでありながら、色は、自然の植物からいただくものなのであるから、「それぞれの植物から炊き出した色を決して混ぜ合わすことをしない」という敬虔さにも満ちている。覆いをかけない目でまっすぐに射抜いたもの、だが、その射抜かれたものは、ぬかずくような気持ちで大切に胸に押しいだかれているのだ。鋭敏さと柔和さとが共にあるのだ。

著者には、かつて「女三界に家なし」の境遇だった時代があるという。〈人生には何度かそこを通過せずには先へ行けない関門がある。竹の節のようなものだ。苦しいからといってそこを避けては通れない。一節一節のぼることによって、もう下へ落下することはないのだ。節があっては落下するはずもないのである。自分ではなかなか気付かないが、ただ夢中でそこをかけ抜けるだけである〉

その苦しい時代に贈られたのが、「おのれこそおのれのよるべ、おのれなくして何のよるべぞ」という言葉なのだそうだが、この随筆集には、著者が出会い、贈られ、胸にいだいて忘れずにいたさまざまな人々からの言葉も随所に登場する。その言葉をまた、私たち読者が受け取るというのも、ひとつの瀉瓶であろうかと、そう考えてもよいだろうか。

初出一覧

朝あけに咲く　京都新聞〈現代のことば〉　一九八三年八月一九日
瀉瓶三滴　同　一九八三年一〇月二〇日
木のはなし　同　一九八三年一一月二八日
冬を越えよ　同　一九八四年一月二五日
第五の季節　同　一九八四年三月一四日
一条の煙　同　一九八四年五月二日
野草の音色　同　一九八四年六月一四日
二千年と四日の命　同　一九八四年七月三一日
高野の星　同　一九八四年九月二二日
あしかり　同　一九八五年一月五日
梅、桃、葡萄　同　一九八五年二月二七日
慶州の春　同　一九八五年四月一九日
光の根　同　一九八五年六月八日
とりかぶと　同　一九九〇年九月八日
木犀香る街　同　一九九〇年一〇月三一日

無垢の歌　同　一九九〇年一二月一八日
うりずん　同　一九九一年四月三日
白い機　同　一九九一年五月二〇日
「たけたる位」のこと　朝日新聞　一九九〇年一月五日
母から娘へ、娘から母へ　日本経済新聞　掲載日不明
私の転機　一九八四年六月二六日　掲載紙不明
アリがタイなら　朝日新聞　掲載日不明
平凡を非凡に　京都新聞　掲載日不明

＊

語りかける花
語りかける花　毎日新聞〈視点〉　一九九一年一〇月一日
み仏に問う　同　一九九一年一〇月八日
雨に聴く　同　一九九一年一〇月一五日
山里の葬送　同　一九九一年一〇月二二日
秘色　同　一九九一年一〇月二九日
一瓶の中　同　一九九一年一一月五日
新しい衣裳　同　一九九一年一一月一二日
陸沈　同　一九九一年一一月一九日
野とぅばらーま　同　一九九一年一一月二六日
手の花　身の花　同　一九九一年一二月三日

一葉の黄葉　同　一九九一年一二月一〇日
平織　同　一九九一年一二月一七日
暁時雨　同　一九九一年一二月二四日
織色　未発表
冬青　朝日新聞〈日記から〉一九八二年一二月二〇日
真珠母色の輝き　同　一九八二年一二月二一日
もらった色　同　一九八二年一二月二二日
昔の時計屋　同　一九八二年一二月二三日
ゆりかもめ　同　一九八二年一二月二四日
さむがりやのサンタ　同　一九八二年一二月二五日
偉大な素人　同　一九八二年一二月二七日
奈良の冬　同　一九八二年一二月二八日

＊

草木抄
山桜　福音館書店刊『母の友』一九九一年四月
藤　同　一九九一年五月
茜　同　一九九一年六月
額あじさい　同　一九九一年八月
木犀　同　一九九一年一〇月
臭木　同　一九九一年一一月

千両　同　一九九一年一二月
藪柑子　同　一九九二年一月
水仙　同　一九九二年二月
蓬生　同　一九九二年四月
げんのしょうこ　同　一九九二年五月
花みずき　同　一九九二年六月

＊

彩ものがたり
褪紅の壁飾り　新潮社刊『芸術新潮』一九八二年一月
縹の縷　同　一九八二年二月
繡師の夢　同　一九八二年三月
紫匂ふ　同　一九八二年四月
藤原の桜　壱　同　一九八二年五月
藤原の桜　弐　同　一九八二年六月
百合小袖　同　一九八二年七月
清凉寺の羅　同　一九八二年八月
沖縄の織物　同　一九八二年九月
魔性の赤　岡　一九八二年一〇月
野の果て　同　一九八二年一一月
湖上夕照　同　一九八二年一二月

＊

彩暦

苔紅梅　日本美術工芸社刊『日本美術工芸』一九八二年一月

樺桜　同　一九八二年二月

紅蘇生　同　一九八二年三月

紫匂志野茶盌　同　一九八二年七月

螺鈿の棗　同　一九八二年八月

襲の色目　同　一九八二年一〇月

藍と人　同　一九八二年一一月

＊

松園の素描　京都新聞社刊『上村松園』一九八九年

松園のこと　淡交社刊『なごみ』一九八八年一二月

再びみ仏に問う　未発表

身近きものの気配　『花神』創刊号

Authroposophia Letter №12　一九八八年冬

裂のつづら　紫紅社刊『裂の筥』一九八三年

灰桜　未発表

みちおほち　未発表

能見日記　未発表

本書は一九九二年九月三〇日、人文書院から刊行された。

味覚日乗　辰巳芳子

春夏秋冬、季節ごとの恵み香り立つ料理歳時記。日々のあたりまえの食事を、自らの手で生み出す喜びと呼吸を、名文章で綴る。（藤田千恵子）

諸国空想料理店　高山なおみ

注目の料理人の第一エッセイ集。世界各地で出会った料理をもとに空想力を発揮して作ったレシピ。よしもとばなな氏も絶賛。（南椌椌）

ちゃんと食べてる？　有元葉子

元気に豊かに生きるための料理とは？　食材や道具の選び方、おいしさを引き出すコツなど、著者の台所の哲学がぎゅっとつまった一冊。（高橋みどり）

買えない味　平松洋子

一晩寝かしたお芋の煮っころがし、土瓶で淹れた番茶、風にあてた干し豚の滋味……日常の中にこそある、おいしさを綴ったエッセイ集。（中島京子）

くいしんぼう　高橋みどり

高望みはしない。ゆでた野菜を盛るくらい。でもごはんはちゃんと炊く。料理する、食べる、それを繰り返す、読んでおいしい生活の基本。（高山なおみ）

昭和の洋食　平成のカフェ飯　阿古真理

小津安二郎『お茶漬の味』から漫画『きのう何食べた？』まで、家庭料理はどのように描かれてきたか。食と家族と社会の変化を読み解く。（上野千鶴子）

色を奏でる　志村ふくみ・文　井上隆雄・写真

色と糸と織——それぞれに思いを深めて織り続ける染織家にして人間国宝の著者の、エッセイと鮮かな写真が織りなす豊醇な世界。オールカラー。

なんたってドーナツ　早川茉莉編

貧しかった時代の手作りおやつ、日曜学校で出合った素敵なお菓子、毎朝宿泊客にドーナツを配るホテル、哲学させる穴……。文庫オリジナル。

玉子ふわふわ　早川茉莉編

国民的な食材の玉子、むきむきで抱きしめたい！　森茉莉、武田百合子、吉田健一、山本精一、宇江佐真理ら37人が綴る玉子にまつわる悲喜こもごも。

暮しの老いじたく　南和子

老いは突然、坂道を転げ落ちるようにやってくる。その時になってあわてないために今、何ができるか。道具選びや住居など、具体的な50の提案。

尾崎翠集成（上・下） 尾崎翠 中野翠 編

鮮烈な作品を残し、若き日に音信を絶った謎の作家・尾崎翠。時間と共に新たな輝きを加えてゆくその文学世界を集成する。

クラクラ日記 坂口三千代

戦後文壇を華やかに彩った無頼派の雄・坂口安吾との、嵐のような生活を妻の座から愛と悲しみをもって描く回想記。巻末エッセイ＝松本清張

貧乏サヴァラン 森茉莉 早川暢子 編

オムレット、ボルドオ風茸料理、野菜の牛酪煮……。食いしん坊茉莉は料理自慢。香り豊かな〝茉莉ことば〟で綴られる垂涎の食エッセイ。文庫オリジナル。

紅茶と薔薇の日々 森茉莉 早川茉莉 編

天皇陛下のお菓子に洋食店の味、庭に実る木苺……森鷗外の娘にして無類の食いしん坊、森茉莉が描く懐かしく愛おしい美味の世界。（辛酸なめ子）

ことばの食卓 武田百合子 野中ユリ・画

なにげない日常の光景やキャラメル、枇杷など、食べものに関する昔の記憶と思い出を感性豊かな文章で綴ったエッセイ集。（種村季弘）

遊覧日記 武田百合子 武田花・写真

行きたい所へ行きたい時に、つれづれに出かけてゆく。一人で。または二人で。あちらこちらを遊覧しながら綴ったエッセイ集。（巖谷國士）

わたしは驢馬に乗って下着をうりにゆきたい 鴨居羊子

新聞記者から下着デザイナーへ。斬新で夢のある下着を世に送り出し、下着ブームを巻き起こした女性起業家の悲喜こもごも。（近代ナリコ）

私はそうは思わない 佐野洋子

佐野洋子は過激だ。ふつうの人が思うようには思わない。大胆で意表をついたまっすぐな発言をする。だから読後が気持ちいい。（群ようこ）

神も仏もありませぬ 佐野洋子

還暦……もう人生おりたかった。でも春のきざしの蕗の薹に感動する自分がいる。意味なく生きても人は幸せなのだ。第3回小林秀雄賞受賞。（長嶋康郎）

老いの楽しみ 沢村貞子

八十歳を過ぎ、女優引退を決めた著者が、日々の思いを綴る。齢にさからわず、「なみ」に、気楽に、と過ごす時間に楽しみを見出す。（山崎洋子）

遠い朝の本たち　須賀敦子

一人の少女が成長する過程で出会い、愛しんだ文学作品の数々を、記憶に深く残る人びとの想い出とともに描くエッセイ。（末盛千枝子）

おいしいおはなし　高峰秀子編

向田邦子、幸田文、山田風太郎……著名人23人の美味な思い出。文学や芸術にも造詣が深かった往年の大女優・高峰秀子が厳選した珠玉のアンソロジー。

るきさん　高野文子

のんびりしていてマイペース、だけどどっかヘンテコな、るきさんの日常生活って？ 独特な色使いが光るオールカラー。ポケットに一冊どうぞ。

それなりに生きている　群ようこ

日当たりの良い場所を目指して仲間を蹴落とすカメ、迷子札をつけているネコ、自己管理している犬。文庫化に際し、二篇を追加して贈る動物エッセイ。

うつくしく、やさしく、おろかなり　杉浦日向子

生きることを楽しもうとしていた江戸人たち。彼らの紡ぎ出した文化にとことん惚れ込んだ著者がその思いの丈を綴った最後のラブレター。（松田哲夫）

ねにもつタイプ　岸本佐知子

何となく気になることにこだわる、ねにもつ。思索、奇想、妄想はばたく脳内ワールドをリズミカルな名短文でつづる。第23回講談社エッセイ賞受賞。

回転ドアは、順番に　穂村弘　東直子

ある春の日に出会い、そして別れるまで。気鋭の歌人ふたりが、見つめ合い呼吸をはかりつつ投げ合う、スリリングな恋愛問答歌。（金原瑞人）

絶叫委員会　穂村弘

町には、偶然生まれては消えてゆく無数の詩が溢れている。不合理でナンセンスで真剣だからこそ可笑しい、天使的な言葉たちへの考察。（南伸坊）

杏のふむふむ　杏

連続テレビ小説「ごちそうさん」で国民的な女優となった杏が、それまでの人生を、人との出会いをテーマに描いたエッセイ集。（村上春樹）

月刊佐藤純子　佐藤ジュンコ

注目のイラストレーター（元書店員）のマンガエッセイが大増量してまさかの文庫化！ 仙台の街や友人との日常を描く独特のゆるふわ感はクセになる！

飛田ホテル　黒岩重吾

刑期を終えたやくざ者に起きた妻の失踪を追う表題作など、大阪のどん底で交わる男女の情と性。直木賞作家の傑作ミステリ短篇集。（難波利三）

あるフィルムの背景　結城昌治　日下三蔵編

普通の人間が起こす歪んだ事件、そこに至る絶望を描き、思いもよらない結末を鮮やかに提示する。昭和ミステリの名手、オリジナル短篇集。

赤い猫　仁木悦子　日下三蔵編

爽やかなユーモアと本格推理、そしてほろ苦さを少々。日本推理作家協会賞受賞の表題作ほか〈日本のクリスティー〉の魅力をたっぷり堪能できる傑作選。

兄のトランク　宮沢清六

兄・宮沢賢治の生と死をそのかたわらでみつめ、兄の死後も烈しい空襲や散佚から遺稿類を守りぬいてきた実弟が綴る、初のエッセイ集。

落穂拾い・犬の生活　小山清

明治の匂いの残る浅草に育ち、純粋無比の作品を遺して短い生涯を終えた小山清。いまなお新しい、清らかな祈りのような作品集。（三上延）

真鍋博のプラネタリウム　真鍋博　星新一

名コンビ真鍋博と星新一。二人の最初の作品『おーいでてこーい』他、星作品に描かれた挿絵と小説冒頭をまとめた幻の作品集。（真鍋真）

熊撃ち　吉村昭

人を襲う熊、熊をじっと狙う熊撃ち。大自然のなかで、実際に起きた七つの事件を題材に、孤独で忍耐強い熊撃ちの生きざまを描く。

川三部作
泥の河／螢川／道頓堀川　宮本輝

太宰賞「泥の河」、芥川賞「螢川」、そして「道頓堀川」と、川を背景に独自の抒情をこめて創出した、宮本文学の原点をなす三部作。

私小説 from left to right　水村美苗

12歳で渡米し滞在20年目を迎えた「美苗」。アメリカにも溶け込めず、今の日本にも違和感を覚え……。本邦初の横書きバイリンガル小説。

ラピスラズリ　山尾悠子

言葉の海が紡ぎだす、〈冬眠者〉と人形と、春の目覚めの物語。不世出の幻想小説家が20年の沈黙を破り発表した連作長篇。補筆改訂版。（千野帽子）

品切れの際はご容赦ください

吉行淳之介ベスト・エッセイ　吉行淳之介　荻原魚雷編

創作の秘密から、ダンディズムの条件まで。「文学」「男と女」「紳士」「人物」のテーマごとに厳選した、吉行淳之介の入門書にして決定版。（大竹聡）

田中小実昌ベスト・エッセイ　田中小実昌　大庭萱朗編

東大哲学科を中退し、バーテン、香具師などを転々とし、飄々とした作風とミステリー翻訳で知られるコミさんの厳選されたエッセイ集。（片岡義男）

山口瞳ベスト・エッセイ　小玉武編

サラリーマン処世術から飲食、幸福と死まで。――幅広い話題の中に普遍的な人間観察眼が光る山口瞳の豊饒なエッセイ世界を一冊に凝縮した決定版。

色川武大・阿佐田哲也ベスト・エッセイ　色川武大／阿佐田哲也　大庭萱朗編

二つの名前を持つ作家のベスト。文学論、落語からタモリまでの芸能論、ジャズ、作家たちとの交流も。もちろん阿佐田哲也名の博打論も収録。（木村紅美）

開高健ベスト・エッセイ　開高健　小玉武編

文学から食、ヴェトナム戦争まで――おそるべき博覧強記と行動力。「生きて、書いて、ぶつかった」開高健の広大な世界を凝縮したエッセイを精選。

中島らもエッセイ・コレクション　中島らも　小堀純編

小説家、戯曲家、ミュージシャンなど幅広い活躍で没後なお人気の中島らもの魅力を凝縮！　酒と文学とエンターテインメント。（いとうせいこう）

文房具56話　串田孫一

使う者の心をときめかせる文房具。どうすればこの小さな道具が創造力の源泉になりうるのか。文房具の想い出や新たな発見、工夫や悦びを語る。

ぼくは散歩と雑学がすき　植草甚一

１９７０年、遠かったアメリカ。その風俗、映画、本、音楽から政治までをフレッシュな感性と膨大な知識、貪欲な好奇心で描き出す代表エッセイ集。

快楽としてのミステリー　丸谷才一

ホームズ、００７、マーロウ――探偵小説を愛読して半世紀、その楽しみを文芸批評とゴシップを駆使して自在に語る、文庫オリジナル。（三浦雅士）

超発明　真鍋博

昭和を代表する天才イラストレーターが、唯一無二のＳＦ的想像力と未来的発想で“夢のような発明品”１２９例を描き出す幻の作品集。（川田十夢）

これで古典がよくわかる　橋本治

古典文学に親しめず、興味を持てない人たちは少なくない。どうすれば古典が「わかる」ようになるかを具体例を挙げ、教授する最良の入門書。

恋する伊勢物語　俵万智

恋愛のパターンは今も昔も変わらない。恋がいっぱいの歌物語の世界に案内する、ロマンチックでユーモラスな古典エッセイ。（武藤康史）

倚りかからず　茨木のり子

もはや／いかなる権威にも倚りかかりたくはない……話題の単行本に3篇の詩を加え、高瀬省三氏の絵を添えて贈る決定版詩集。（山根基世）

茨木のり子集　言の葉（全3冊）　茨木のり子

しなやかに凜と生きた詩人の歩みの跡を、詩とエッセイで編んだ自選作品集。単行本未収録の作品なども収め、魅力の全貌をコンパクトに纏める。

詩ってなんだろう　谷川俊太郎

谷川さんはどう考えているのだろう。その道筋にそって詩を集め、選び、配列し、詩とは何かを考えるおおもとを示しました。（華恵）

笑う子規　正岡子規＋天野祐吉＋南伸坊

「弘法は何と書きしぞ筆始」「猫老て鼠もとらず置火燵」。天野さんのユニークなコメント、南さんの豪快な絵を添えて贈る愉快な子規句集。（関川夏央）

尾崎放哉全句集　村上護編

「咳をしても一人」などの感銘深い句で名高い自由律の俳人・放哉。放浪の旅の果て、小豆島で破滅型の人生を終えるまでの全句業。（村上護）

山頭火句集　種田山頭火　村上護編　小崎侃・画

自選句集「草木塔」を中心に、その境涯を象徴する随筆も精選収録し、〝行乞流転〟の俳人の全容を伝える一巻選集！（村上護）

絶滅寸前季語辞典　夏井いつき

「従兄煮」「蚊帳」「夜這星」「竈猫」……季節感が失われ、風習が廃れて消えていく季語たちに、新しい命を吹き込む読み物辞典。（茨木和生）

絶滅危急季語辞典　夏井いつき

「ぎぎ・ぐぐ」「われから」「子持花椰菜」「大根祝う」……消えゆく季語に新たな命を吹き込む読み物辞典。超絶季語続出の第二弾。（古谷徹）

ちくま文庫

語《かた》りかける花《はな》

二〇〇七年十一月十日　第一刷発行
二〇二〇年　七　月五日　第六刷発行

著　者　志村ふくみ（しむら・ふくみ）

発行者　喜入冬子
発行所　株式会社　筑摩書房
東京都台東区蔵前二―五―三　〒一一一―八七五五
電話番号　〇三―五六八七―二六〇一（代表）
装幀者　安野光雅
印刷所　株式会社精興社
製本所　株式会社積信堂

ISBN978-4-480-42396-2　C0195